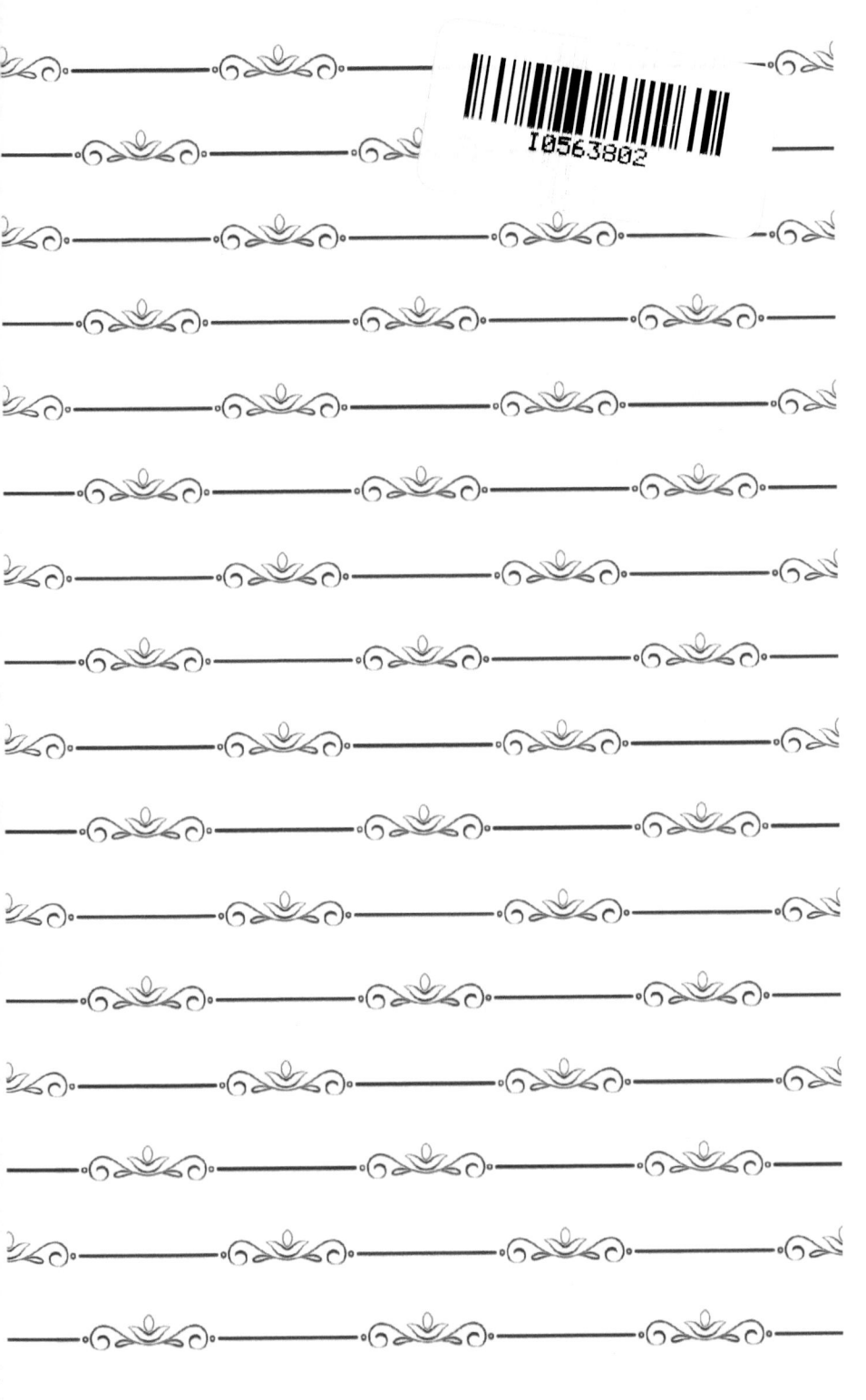

Gala de Poesía

LUIS BENÍTEZ

La vida entera
Una antología

➤ Pro Latina Press

La vida entera. Una antología.
The Whole Life. An Anthology.
Luis Benítez

Copyright © Luis Benítez

© De esta edición:
  2025 Pro Latina Press
  www.prolatinapress.com

  Editora: Maria Amelia Martin
  Diseño gráfico: Álvaro Dorigo
  Cover image: Courtesy of the Argentine artist **Adriana Gaspar**.
  From the series *Unfinished Stories*, 2019. Collage, 20 x 27 cm.

  Translated from Spanish by:
  Beatriz Allocati, Poems from 1980 to 2006
  Araceli Lacore, *Manhattan Song* (2010), *Les imaginations* (2013),
  Nadie sabe donde estuvimos (2021).

ISBN 979-8-218-65975-2

LUIS BENÍTEZ

La vida entera
Una antología

Sobre el autor

Luis Benítez nació en Buenos Aires el 10 de noviembre de 1956. Sus 45 libros de poesía, ensayo y narrativa han sido publicados en Argentina, Chile, España, Estados Unidos, Francia, Inglaterra, Italia, México, Rumania, Suecia, Venezuela y Uruguay.

Premios recibidos

Premio Internacional de Poesía La Porte des Poètes. *París, Francia, 1991.*

Segundo Premio Bienal de la Poesía Argentina. *Buenos Aires, Argentina, 1992.*

Primer Premio Joven Literatura (Poesía) de la Fundación Amalia Lacroze de Fortabat. *Buenos Aires, Argentina, 1996.*

Primer Premio del Concurso Internacional de Ficción. *Montevideo, Uruguay, 1996.*

Primo Premio Tuscolorum di Poesia. *Sicilia, Italia, 1996.*

Primer Premio de Novela Letras de Oro. *Buenos Aires, Argentina, 2003.*

Accesit 10éme. Concours International de Poésie. *París, Francia, 2003.*

Primer Premio Internacional para Obra Publicada "Macedonio Palomino". *Aguascalientes, México, 2007.*

Tercer Premio Municipal "Ricardo Rojas" de Novela. *Buenos Aires, Argentina, 2022.*

International Best Poets & Translators Prize. *Chongqing, China, 2024.*

Obra poética publicada en **Argentina**

Poemas de la Tierra y la Memoria. Editorial Stephen and Bloom, Buenos Aires, 1980.

Mitologías/La Balada de la Mujer Perdida. Editorial Ultimo Reino, Buenos Aires, 1983.

Behering y otros poemas. Ed. Filofalsía, Buenos Aires, 1985.

Guerras, Epitafios y Conversaciones. Editorial. Satura, Buenos Aires, 1989.

Fractal. Ediciones Correo Latino, Buenos Aires, 1992.

Itinerarios: Antología (selección y ensayo preliminar de Alejandro Elissagaray), Ed. Nueva Generación, Buenos Aires, 2001.

El venenero y otros poemas. Ediciones Nueva Generación, Buenos Aires, 2005.

Luis Benítez: Breve Antología Poética (selección y prólogo de Elizabeth Auster), Ed. Juglaría, Rosario, provincia de Santa Fe, 2008.

Manhattan Song. Cinco poemas occidentales. Ediciones El Final de la Noche, Buenos Aires, 2010.

La Tarde del Elefante y Otros Poemas. Ediciones Buenos Aires Poetry, Buenos Aires, 2014.

La Tierra Permanece. Buena Vista Editorial, provincia de Córdoba, 2018.

Complete Poems 1980-2006. (e-book, trad. al inglés de B. Allocati. Prólogo de Neil Leadbeater). Buenos Aires, Ed. La Esquina de los Vientos, 2018.

Nadie sabe dónde estuvimos. Santa Fe, Provincia de Santa Fe, Editorial Palabrava, 2021.

Obra poética publicada en el extranjero

Behering y otros poemas. Editorial Cuadernos del Zopilote, México D.F., 1993.

El Pasado y las Vísperas. Editorial de la Universidad de los Andes, Venezuela, 1995.

Selected Poems (antología poética, edición bilingüe, selección y traducción al inglés de Verónica Miranda). Editorial Luz Bilingual Publishing, Inc., Los Ángeles, EE.UU., 1996).

La Yegua de la Noche. Ediciones del Castillo, Santiago de Chile, Chile, 2001.

Antología poética (antología en e-book, introducción, selección y notas de Alejandro Elissagaray), Ed. Wordtheque, Bolonia, Italia, 2005.

Poemas Reunidos (antología en e-book, introducción, selección y notas de Elizabeth Auster), Ed. La Sombra del Membrillo, Madrid, España, 2006.

Luis Benítez: Breve Antología Poética (e-book, Biblioteca de Libros de Poesía), Ed. Itakkus, Jaén, España, 2008.

La Tarde del Elefante y Otros Poemas. Editorial Ala de Cuervo, Caracas, Venezuela, 2006.

La Tarde del Elefante y Otros Poemas. Ediciones Azafrán y Cinabrio, Aguascalientes, México, 2008.

Poemas Completos (3 tomos, ensayo introductorio del Prof. Lic. Luis González Platón, de la Universidad de Madrid) Ediciones Publicatuslibros. com, Jaén, España, 2010, edición en e-book.

A Heron in Buenos Aires. Selected Poems (antología poética compilada y traducida al inglés por el poeta estadounidense Cooper Renner). Ensayo epilogal de Carmen Vasco Fernández Moreno). Ed. Ravenna Press, Seattle, EE.UU., 2011).

Bering och Andra Dikter (trad. al sueco por Maria Nääs), Ed. Siesta Förlag, Malmö, Suecia, 2012.

La Sera dell'Elefante e Altre Poesie (trad. al italiano por Emilio Coco), Ed. Sentieri Meridiani Edizioni, Italia, 2012.

Manhattan Song. Cinci poeme occidentale (trad. al rumano por Flavia Cosma), Ed. Ars Longa Editura, Rumania, 2013.

Les imaginations (trad. al francés por Jean Dif), Éditions L'Harmattan, París, Francia, 2013.

Luis Benítez: A short poetic anthology (introducción, selección y notas de Elizabeth Auster, trad. al inglés por Beatriz Allocati). Ed. The Littoral Press, Suffolk, Inglaterra, 2013.

Luis Benítez: Breve Anthologie Poétique (introducción, selección y notas de Elizabeth Auster, traducción al francés de Jean Dif), Éditions La Résonance, Pau, Francia, 2014.

Las Palabras y los Días (e-book, Ed. Raffaelli Editore), Rímini, Italia, 2015.

Poemul de Fier (trad. al rumano de Diana Dragomirescu), Ed. Bibliotheca Universalis, Bucarest, Rumania, 2015.

Lascia che parli Ezra Pound / Deja que hable Ezra Pound (antología bilingüe, italiano-castellano, selección de Mario Meléndez, trad. al italiano de Gianni Darconza), Rímini, Italia, Raffaelli Editore, 2016.

The afternoon of the elephant and other poems (trad. al inglés por Beatriz Allocati), Katakana Editores, Miami, EE.UU., 2020.

Una gran guerra habita las cosas. Lo mejor de Luis Benítez (antología poética, selección y prólogo de Gabriela Guerra Rey, maestrante en Letras Latinoamericanas por la Universidad Nacional Autónoma de México — UNAM—), Editorial Aquitania Siglo XXI, Ciudad de México, México, 2022.

La vida entera. Una antología (Pro Latina Press, Nueva York, EE.UU., 2023).

Obras sobre el autor

Sobre las poesías de Luis Benítez, de Carlos Elliff (ensayo, Ed. Metáfora, Buenos Aires, 1991).

Conversaciones con el poeta Luis Benítez, de Alejandro Elissagaray y Pamela Nader (Tomo I, 1995; Tomo II, 1997, Ed. Nueva Generación, Buenos Aires).

La Poesía es como el Aroma. Poética de Luis Benítez (ensayo, por el Prof. Dr. Camilo Fernández Cozman, miembro de número de la Academia Peruana de la Lengua, Ed. Nueva Generación, Buenos Aires, 2009).

La novelística de Luis Benítez. Aproximaciones críticas a la historiografía, la mitología y la masculinidad patriarcal (ensayo, por el Prof. Dr. Assen Kokalov, de la Purdue University, Indiana, EE.UU., con prólogo del Prof. Dr. David William Foster, de la Arizona State University. Ed. Nueva Generación, Buenos Aires, 2015).

Luis Benítez, una poética de la indagación (ensayo, por Osvaldo Gallone, Editorial Fundación Victoria Ocampo, Buenos Aires, 2024).

Luis Benítez. Historia Nacional (ensayo, por Juan Sebastián Rodríguez Maza, El Arte de Leer Ediciones, Mendoza, Argentina, 2024).

Poemas de la tierra y la memoria

La vida y los espectros

Esos papeles por donde pasó tu huella
como la baba de los caracoles,
no recuerdan tu nombre:
son artefactos de la imaginación,
voces perdidas en el griterío del tiempo.
Sus absurdas balanzas y poleas
suben y pesan paisajes que se desvanecen,
objetos que habrá, alguna vez, junto a tu tumba.
Los espectros que fui espían detrás de las palabras
el movimiento de la vida, más caudalosa que el tiempo,
porque yo fui espectro y espectros son las cosas
y los hombres. La vida, esa secreta enemiga,
pulsa sus picos y sus palas, demuele las voces
y las lenguas quedan vacías frente a su cara.
Frente a su cara, que ni ve, ni oye, ni habla al hombre.

Sin luz ni voz que me llamara

Yo rondaba los espacios del sueño
sin cuerpo ni yo, hinchado de aire y música
flotaba era un globo furioso en la oscuridad.
Sin luz ni voz que me llamara,
libre de Dios y de mí mismo,
yo era el hombre.
Dante y Shakespeare e Ibsen y Malreaux:
¿qué pena les dan a los rascacielos?
¿qué infierno mayor que un subterráneo?
¿qué tempestad mayor que cualquier día?
Qué muertos están.
Qué lápidas labradas de octubres y eneros,
mis hermanos y amigos,
MI única familia venerable.
Soy sólo un huérfano sin atrás ni adelante,
que no se aferra a ninguna parte
y tiene en ninguna parte cama y comida puesta.
Ese, el que edificará una casilla, en la Tierra Baldía.

¿Debo huir o quedarme?

¿Debo huir a la casa del silencio,
sonriendo con los ojos inmóviles, asintiendo siempre,
o quedarme a recibir en el pecho los gestos
de los extraños, ignorando sus espadas debajo de los gestos?
¿Debo huir o quedarme con la mano extendida ofreciéndoles la
[fruta,
atento a sus miradas extranjeras, la vela inmóvil de sus barcos
en la rada de mi vida, mercando con ellos la palabra sin temor a los
[piratas?
¿O escapar por la empinada cuesta de mi sino y a salvo de la mueca
[ridícula
contemplarme, ocultar la visión de mis días en arcones secretos,
lacrados al engaño? ¿Debo huir o quedarme sin morada,
expuesto al dedo inquisidor y al ojo artero, forzado por miedo
a grabar mi historia en tablillas de arena?

Mitologías

La balada de la mujer perdida

Lengua muerta

No es ella como ésta en que escribo.
No es la fruta madura del concepto y lo abstracto.
sino la joven savia, detenida hace mucho,
de un mundo de imágenes: la cantora del sueño.
El sueño que hace mucho encerraba los pasos,
las obras y los labios. Tal vez
no hayamos despertado, sólo cambiado de sueño.
Pero ella ha quedado, detenida y secreta,
como una flor antigua en el libro, en la historia,
y en el turbio recuerdo de palabras perdidas.
Hoy que evoco ese estado de las cosas del mundo
en que brilló en imágenes el bautismo de todo,
me da por preguntarle
qué expresaba *mortal*
y con cuáles sonidos traducía *universo*.
Pero nunca responden las criaturas del sueño
sino en su propia lengua
y ella toda es el sueño.

Los miedos

ah los terrores que nos visitan de noche
que no se ocultan del día
los que no inspiran ninguna cosa grande
ningún desconocido continente pisado recién el borde
ni tampoco un leal enemigo
francamente buscado en una tapia
ni el asombroso eclipse que deja el mediodía en sombra
ni un terrible Señor de los Ejércitos
en desiertos abrasados por el sol de los pueblos aventureros
ah los miedos los pequeños miedos de pequeños hombres
no los miedos que eran a su modo honra de un animal
desnudo en la enorme extensión de cosas que no tenían nombre
no a estar solo y de pie
entre un inmenso campo y un inmenso cielo
no a la sombra adornada de ojos fosforescentes
a la muerte de noche
entre los dientes del animal más bello de la tierra
una muerte de hombre
no a la caída propiciada por el rayo
al torrente al alud al fuego de la tierra
ni al otro fuego prometido debajo de la tierra
ah los miedos que no origina
un dios terrible salido de la foresta
ni un pariente medieval con su cohorte de brujas y de fetos
no el sudor frío frente a frente espada contra espada

flecha contra winchester dardo contra lanza
ha cambiado la muerte de palabras
no es la certeza de una lluvia ardiente
ni el pronóstico que un insecto lleva entre raíces
al fin también una buena causa como la antigua peste
ah los miedos que tú conoces
y que son los míos exactamente ésos
no se ocultan debajo de la cama
no precisan el crujir de la madera el aullido de nada
pueblan nuestros sueños de rostros y de notas
ellos duermen y caminan con nosotros
beben se alimentan vuelven siempre.

El uro

Detrás del tiempo un animal me mira:
él sabe lo que escribo porque antes de mí
ya ha sido un nombre. Es el uro.
Fantasea quien lo toma por el toro.
A veces es un pájaro, un río, el viento
y a veces es un algo que deja en las ramas
grandes manchas de sangre y un paso
que se aleja, macizo e invisible.
No lo vulnera el hacha ni la piedra
de una arcaica Europa que aún no sueña
con forjar metales y la Historia.
Es el uro. A veces es un hombre
que huye de sí mismo.
Un animal pensante que añora volver al bosque
del eterno presente, a las pasiones soberbias,
a la ira, la furia y la muerte violenta
del dominio y el celo.
Es el uro. En sus ojos rojizos
hay un algo execrable.
Nos aterra que vuelva y que vuelva
Dionisos con su corte de faunos
y el terror y la noche derrumbando ciudades,
sumiéndonos en el fuego de los dioses hambrientos
que reclaman la tierra, la luz, el aire.
Las imaginaciones.

Es el uro. En el linde de las ciudades
todo esto cabe entre sus cuernos.
Allí donde recuerda, una por una,
las traiciones del hombre.
No rumia venganzas, no planea
surgir en la cómplice noche a cobrarse
el desquite con sus dos puñales, si el terror
del retorno no bastara para matar a un hombre.
No se mata a los muertos. "Soy el uro.
Zeus usó mi forma para raptar a Europa.
He visto, inmutable, en el rodar de las estaciones
pasar a los fenicios, los partos y los griegos.
El tiempo es un solo día. Maté a un inmortal
en la aurora y en Sumeria y a mediodía
me describió Plinio el Viejo, entusiasmado.
Cartago duró una hora; Roma, quizá dos.
El niño Lutero me temía: ya era una leyenda.
Creyó extinguirme un cortesano del siglo diecisiete:
la tierra que lo cubre tienen a su estirpe,
su esposa y su palacio. Ése es el hombre:
polvo que tragan las colinas.
Soy el uro, lo real. Él es imaginario".

Infancia de la maravillosa

Y allí estabas, viva,
venías de los candentes países que no recuerda nadie
sino en el último minuto, al inicio del tiempo estabas
entre la sangre y la luz como una llorosa perla entre raíces,
allí estabas luego de la larga agonía entre dos respiraciones,
luego del largo túnel y el sueño donde eras una sola Humanidad,
¿recuerdas? un minuto antes eran las calles de Ur,
la turbia prehistoria, el ciclo de la savia a la sangre,
la desnuda inocencia de un mezclado universo donde todo convivía;
¿recuerdas? oh sí dime que lo recuerdas largo y centellante amor mío,
dime que te acuerdas de tu rostro en un lago que se secó hace siglos,
que memoras la sangrienta imagen del interior del útero
donde toda la historia pasaba veloz por las paredes
y dime que te acuerdas de alguien que te amó
y que no era yo y que era un fenicio, un tirio,
un hombre de lejanas edades y de tu vestido
desgarrado en la cámara del rey.
Yo hablaré del tiempo en que te he reconocido,
como reconociste al fuego, ese movedizo compañero
que te entibió las manos, que te quemó los dedos.
Tenías dos años, ¿recuerdas? Dime que recuerdas,
un pesado secreto puede hacerse pedazos tan sólo por ese olvido,
dime que te acuerdas de hombres y mujeres gigantes
y de paredes enormes y así sabré que es cierto:
antes, en ese tiempo, danzaba el tiempo

y tú corrías como corrimos todos detrás de duendes y de hadas
que se tragó un lento movimiento hacia nosotros,
hacia estas manos y rostros que insultan el espejo.
¿Tienes presentes a tus muñecas? ¿Te acuerdas de la negra
que odiabas y de la deshilachada rubia que veías,
porque tú la veías, no es cierto, llorar sobre tu falda?
Y los pequeños animales, los míticos y los otros,
formaban el cortejo de una niña sola.
Te acuerdas del miedo, ese viejo emisario,
te acuerdas de la sombras en un rincón del cuarto,
de la horrible lámpara que te hacía llorar.
Allí del miedo nació tu risa, ésa que yo solo puedo ver,
ese gesto infinito que borra la muerte de las edades,
esa revancha del hombre sobre el polvo que será.
Y allí seguías viva sobre un billón de muertos,
sobre todos los muertos y nada detenía el pujar de los huesos,
el avance del cuerpo entre los cuerpos, la lanzada
mente hacia la luz corría, entre precipicios y sombras
y entre sangres y olvidos de lo que eras ayer, venías,
sí, tú venías atravesando tu espacio, tu forma, tu materia,
eras un universo en viaje a través del universo.
Pero de dónde vino ese rostro a preocuparme de sí,
de dónde ese olor que se ignora a sí mismo, desde
qué entonces sutil ya te conocía.
¿Te acuerdas de un aula donde ya eras callada y peregrina
entre papeles y canastos y mapas?
Hoy la mitad de esos niños son fantasmas
que erran por el mundo,
ellos no te recuerdan y sin embargo envidio
su inútil privilegio:
el haber visto en flor tus ocho años
cuando el inocente trazo del mundo era feliz.

¿Recuerdas? ¿Recuerdas la jirafa de un domingo lluvioso
de la mano de tu padre? Bien, yo envidio
a ese alto animal que se sonríe siempre,
porque te vio una tarde, hace ya mucho.
El amor es dadivoso: nos da lo irreparable
y no se vuelve a ese ya nunca donde vivimos tanto,
aunque por qué no gozar la fruta de la memoria.
Todo se puede suponer y yo supongo que esa manchada,
elevada arquitectura, desde su tiempo sin límites
es la misma que vio lo que ya jamás podrás mostrarme:
esa alma primera que todavía, entonces,
hablaba con todos los animales y el centro de las cosas.
¿Pero de dónde vino este rostro a llamarme
desde un tiempo ido que ni él recuerda
aunque nunca lo olvida?
¿Pero de dónde, dónde?
Los objetos, las llaves, los cuadernos, las aves, los insectos,
las nubes de los cielos que hubo, los paisajes
donde hoy se han derrumbado casas y se han sacado muertos,
las noches y los días por los que has caminado sola,
vuelven en cada medianoche, en cada mediodía,
vamos a llorar sobre esas imágenes,
vemos a gritar sobre esas imágenes y sobre el mismo llanto
que no reconocemos: un hombre, una mujer
que se han perdido son una victoria más
de un cerrado círculo, la sombra sobre la luz
traza su cono arduo, hemos perdido ambos
esta guerra infinita. Hemos perdido ambos lo más preciado:
a un desconocido.
Yo imaginé tu infancia.
Yo fui valiente.

Behering y otros poemas

Behering

En cada uno de ellos era muchos un hombre.
Eran más todavía. Traían la industria de las armas
y el reno rojo, como un bosque ondulante
y detrás el lobo que, en una mañana ya añejo,
sería el perro de la hoguera y de las sobras,
el sirviente blanco.
Eran muchos, no un hombre.
Vagos sus nombres
se referían al viento y a los tótems,
a un hecho que pasó en un nacimiento,
el deshielo que ahogó
o el meteoro fugaz que ardió en la tundra
o la muchacha audaz que en mar abierto,
salvó a su hijo de la cólera brutal de la ballena.
Sus dioses eran el salmón
que cada año retorna como el año
y que va al mar y el oso pardo,
una montaña que muge
y que el filo de lanza abate,
y el pesado bisonte y el tigre rayado,
que se quedó en Siberia
y que la manta del navajo evoca:
extranjeros, ellos serían América,
la múltiple figura que no supo Balboa y que Pizarro
abandonó a la imaginación de un franciscano.

De hueso, no de madera y de noche
serían sus dioses ni de la piedra
que labran los pueblos de una tierra supuesta,
entre la niebla de sus transmigraciones.
Eran crueles y antiguos como el Asia;
fundarían imperios en la aurora y en México,
reinos en Bolivia, fortalezas
donde un signo inequívoco mostrara
la voluntad de estos dioses:
un águila en el aire arrebatando la serpiente,
un árbol singular, como un recuerdo
de las llanuras heladas y el Mar Blanco,
que ya sólo evocaban los viejos moribundos
y el Sueño, que es eterno.
Alzarían Tenochtitlán, el Cuzco
y el enigma silencioso, Tiahuanaco,
en la isla de Pascua graves rostros
que contemplan todavía su gran marcha;
otros, sin embargo, volverían
al corazón de las selvas y al olvido,
como los muertos al pasado,
al país de la cuna y de las tumbas.
Mañana, todavía, aún faltaba,
nuevos extranjeros alzarían
ferrocarriles, calles, edificios,
calendarios regidos por el sol y no la luna,
venidos de otros Beherings y otras fechas,
en nuestras claras ciudades, oh ingenuas tierras,
seremos siempre dobles:
uno solo y muchos, hombres de ninguna parte.

La ingenua

Ella creía que la reflejaban los espejos
que era esos dedos que hurgaban en el rostro
las lentas mutaciones
que era su pulóver sus zapatos
lo que recordaba y lo olvidado
que era una guirnalda detrás suyo
que era su cabeza
que era sus amigas sus trabajos
un hombre en una esquina. Una mañana.
Las casas que habitó sus cuatro barrios
que era las que era tras el portón borroso de los sueños
que alcanzaba para ella el gentilicio
y la historia de un país incierto
el hambre la sed
o lo que amaba

Júbilo y caída

Armonía primera allí te vi, no era necesario
mirar las partes de tu reino entero pero allí te vi
y no quise detenerme en tu orilla, tu orilla
que está en las simples cosas llenas de tu ondulante sombra.
Qué delicadamente, luz en la luz, centro del día,
te corporizas o elijes una sencilla forma cuando nos prestas tus ojos
y cómo un eterno amor nos lleva de la mano
a tus criaturas, allí donde eres sí,
en lo animado, la infinita danza,
la queja misma de cuanto existe.
Alta serenidad todo es tu vaso y cada uno
declara tuyo un color nuevo. Es abril
de un año que para ti no cuenta y sin embargo
un dulce calor te trajo aquí a mi lado. Era yo apenas
una certeza esta mañana y la espuma del sueño
y los lados del día se apagaban en mí.
Bastó pedir, correr a tu contagio,
para que un soplo sobre las cenizas que empolvaban las cosas
encendiera de nuevo el mundo de carbunclos,
las amatistas del aire... ¿las múltiples facetas
de tus brillantes vidrieras, de dónde vienen,
de qué sima profunda o de qué cima pública y expuesta,
de qué otro tiempo apenas visitado,
apenas entrevisto en el fuego del fuego?

Peor ayuno no hay, que el que hay de ti.

Entonces, el canto

Cruza tu voz los círculos del sueño,
como si un dios antiguo te cerrara la boca,
¿detrás de qué otros cantos
sin estela en qué aguas?
Es de día en tu sueño bajo un sol diferente,
sonámbula a la vez en la orilla y el centro.
Oh no despierten a la elegida
en las profundas gargantas de las cosas,
que nadie, cruzando la habitación,
salte dentro del sueño
por caer en sus huellas sobre cuáles caminos;
nadie, ni los sonidos ni mi mano,
que existen en donde existe el tiempo,
agreguen sus llaves al enigma;
no cantas, eres tú la cantada.
En la mañana ardiente de los ojos cerrados,
escucha los susurros, las vetas minerales,
acaricia las sombras, reclama otra estatura,
la trae hasta los hombres.

De las tantas cosas que no puede

De las tantas cosas que no puede
mostrar ciertamente la palabra,
la primera imposible es el olor
tan propio y exacto de las cosas.

La poesía también es como el aroma.

Así quedan sin nombre
el olor definitivo de la lluvia
y el efímero matiz que se respira
al asomarse a las sombras de un aljibe;
el olor del primer mar, a los seis años,
la fragancia, que nos asustaba, de los cielos nublados,
y el olor a comida de una casa
que nos fue querida.
La memoria tal vez sea
sólo visión de olores olvidados,
como este papel a donde llamo
a la presencia ardiente de unas hojas quemadas
y a la clave del enigma de la rosa;
al olor de las sangres
que no vi derramarse,
al olor del incienso y al del alcanfor,
un olor que resplandece;
al de las jóvenes mujeres en los baños públicos,

al de las monedas, que abandonan la mano
y que retornan, al de la tierra de Pinzón
una mañana de octubre, al de los gatos,
al olor milagroso de las cosas vulgares,
de las que apenas se comprende
que emanan la noche poderosa,
al de un río que corre lejos
y al que sin razón evoco,
al de la palabra *marisma*, al de *retablo*,
a los de esta mañana
que partieron a un país sin dónde,
al de una muchacha que se fue,
el 2 de noviembre de 1982,
para que mis palabras
pidieran el perfume de unos versos
y me quedaran la fecha y la balada,
el de las ballenas que tiñen
la espuma de aceite y de tamaño,
el de un hombre que hablaba del origen del día,
al de las tantas cosas
a las que no pude acercarme y que me esperan.
Son otro mundo más sobre este mundo,
veo el bosque y entre el bosque
la selva del aroma.
Yo me voy de los hombres y las cosas
como un salvaje que marcha a las ciudades
y dice adiós a su mundo de olores;
también a mí ellos vuelven
bellos y pesados como un remordimiento.
Serán desde estos versos mi memoria,
seguirán sobre el mundo
cuando me haya muerto.

Lao-Tsé prepara una sentencia

Nada de lo que diga
puede desviar la caída de una hoja.
Una sola palabra
no frenará la otra.
Es inútil que a éstos
que me escuchan dedique
una verdad: la harán pedazos.
De sus pedazos nacerá Lao-Tsé.

Donde queda la memoria

Donde queda la memoria,
ese alegre mediodía encinto o lúgubre gobierno,
danza la primera mañana del mundo todavía,
hay pisadas de ruedas toscas
en un llano que ocupan ahora las montañas,
un milagro que asombra y abriga y calma.
Una libélula que teje amorosamente el aire
reconstruye la invisible historia;
como en tus ojos, las iniciales alas
relumbran en el aire de un antaño primero,
con experimentos de peces y ensayos de serpientes,
con proyectados tigres que bramarían luego, reales,
en la noche. Y ni un ojo,
ni un ojo, ni los tuyos,
para ver en los verdes pantanos
el vuelo de los reptiles
con su membranosa esperanza
y sus escamas verdes,
ni a los primeros inquilinos
del hospicio marino en lo profundo.
Nada: ni el asomo de la huella de una mano
en las húmedas rocas de la orilla
ni la planta de un pie en el cieno
donde crecían arbustos musicales.
Barro y cielo y agua

y la natural sencilla respiración de las cosas:
la novedad de las cortezas arrancadas por el viento
ocupaba, por sí sola, entera tarde.
Entre los álamos pasaba desnudo
el frío que era joven sobre el mundo,
sin saber que era como éste, pausado, de noviembre.
El infinito espacio de los valles
donde la luna entera podía suicidarse,
garzas y nubes que subían de la ciénaga
y el grito último de un pesado animal
que moría en lo alto y denso de la selva, noche del mediodía,
y renacía sin saberlo entre los matorrales bajos.
Los gruesos lagartos como edificios vivos en una pesadilla,
oh cotidiano milagro de esas macizas formas
que elevaban sus ojos niños a la bóveda
buscando la explicación del sueño,
oh la temprana marcha de los mil rastros bajo las piedras,
apenas el ocaso resucitaba a la escolopendra de boca mortal
y los mosquitos daban su viviente alfabeto
a las orquídeas blancas,
ah la caricia de la carpa cazando bajo la superficie
y la acechanza del pez-tigre entre los mangles;
bellas y tenebrosas bajo el agua hirviente del mediodía
las algas ocultaban una ya podrido becerro muerto al alba.
Y la hormiga de fuerza prodigiosa inclinaba
los bejucos para su nido colgante
y se enfrentaban furiosas
dos encendidas creaciones bajo una piedra chata.
Y la noche, la noche de donde surgieron todos
corría sus naves y constelaciones
para el paso de los bellos asesinos de la garra,
errantes e invisibles por la meseta baja.

Lo que seriamos vagaba sin lugar todavía
como un vapor inteligente sobre el mundo.
Y un salto, un grito de labios teñidos por la hierba,
una sentencia manchada que besaba un cuello para siempre
desplegaba de nuevo la mañana.

Las banderas

Cada cosa tiene su bandera,
la que flota por encima,
al paso de vientos invisibles;
la vida pasa, la muerte pasa, la cosa pasa
y la bandera queda, rota, desgastada,
haciendo flamear sus flecos, todavía.
Al paso de vientos invisibles,
en dirección a la abierta nada,
mientras la nada susurra,
mientras los vientos pasan.

Guerras, epitafios y conversaciones

El poema de hierro

Dame un poema de hierro que restalle
sobre las vacías cabezas y una mano firme
en la muesca de la antorcha, un poema
de sangre y de huesos impacientes
y la pluma de carne firmando sentencias
en las culposas mentes de los jinetes locos;
que convierta en sal a los cobardes,
un poema de hierro oxidado y torvo
paleteando en el estanque a medianoche,
cuando ni los muertos sueñan con la aurora.
Un martillo de palabras para dejar al mundo
con las cuencas vacías; rabioso ademán,
piedra encendida en la boca de los que duermen
mientras el agua sube en el Gran Cuarto Esférico;
un puñetazo en el sexo de la muchacha arrodillada,
idiota, paciente humanidad, que no ve, que no oye,
sólo conversa con las cenizas de sus dioses muertos.

Por quitarle a la muerte su soberbia

Un amor absoluto, para el que no existe
primero ni último, golpea sobre el mundo:
en el más humilde y en el más soberbio
canta la canción del hombre.
Bajo las máscaras vacías e intermedias
un amor absoluto, para el que no existe
primero ni último, resuena escondido,
más allá de los gritos
y la apretada melodía de la desesperación.
Aún más allá. Es el eje íntimo y viviente
el que canta, el que musita las palabras
como un talismán sonoro,
una pedrada en la frente
de los desmoronados mundos.
Un amor absoluto,
para el que no existe
primero ni último,
anima estos silencios,
estas ficciones que tan sólo intento
por quitarle a la muerte su soberbia.

El pescador de perlas

Esta tarde y parte de la noche
volví a sumergirme en el espeso mar
donde flotamos los seres y las cosas.
Bajé por perlas que mostrar a los hombres
que temen siquiera el riesgo de la orilla.
Esta tarde y parte de la noche
estuve en ese silencio, en esas profundidades
donde el más infinito placer sería disolverse
y supe que en todos los caminos
hay monstruos para quien los teme.
Llegué nadando adonde no se ama ni se odia,
sencillamente se flota sobre un eterno presente
y todo lo que miras es tu contemporáneo:
nada más traen las olas del atrás y el adelante.
Tomé allí esta perla y ahora te la ofrezco.
Pero cuando quise volver,
no vi a ningún hombre en la orilla.
No vi orilla. Todo es el mar.
Esos que temen la orilla
no saben que caminan en el mar.

Después de las palabras

Y ahora te devuelvo, te exhalo:
entre mundos contrarios siempre estarás perdido.
Doblemente exiliada, criatura del sueño,
entre aquí y allí, donde estás parada.
Serás mi huérfano en un mundo de emblemas
y te perseguirán la espada, el gancho y la fría risotada:
solo tú sabrás dónde queda Ítaca.
Serás mi huérfano en un mundo de emblemas
pero sabrás qué mástiles sostienen esas lágrimas:
conversaciones, teléfonos y rostros serán tu escarnio,
dos días tus verdugos, pero a ti te hará llorar una palabra.
No volveremos a vernos nunca y nos veremos siempre:
esta sola ironía hará que todo exista y se contemple.
Pero serás sagrado. Ítaca no se olvida de lo que arroja al mar.
Sabrás que en cada cosa y hombre hay una porción de tu isla.
Te asomarás a ella para verte desnudo, solitario, repleto de tu alma,

[intacto.
Tu isla será cualquier cosa: un fragmento de pan peculiar,
la insólita confirmación de esta noticia grave.
Tu isla será cualquier hombre. Pero será casi siempre
una puerta cerrada. Ítaca no se olvida de lo que arroja al mar.
Y así sabrás que Ítaca no existe y que no existe el mar.
Las dos caras de una moneda caerán sobre tu mano.
Serás sagrado y algún día (sólo yo tengo tu Palabra)
Algún día todo será plenitud.

Ítaca inundará el mar.

Fractal

Los ojos de Rimbaud

Azules, de bárbaro. Hoy cantan para ti
los suaves trinos y en el taller literario
adelgaza la voz el papagayo: conmovida
endulza las Grandes Miradas su lección de confitero.
De este lado rezamos por ti hincados ante un lobo:
que la bella ciencia es una habitación que da a lo oscuro
y el hombre, ese acertado inconstante,
es apenas unos pocos pasos que por ella van y vienen.
Hoy que las profesoras de letras olvidaron todo
lo que saben de ti los presidiarios
y el vago que, a riesgo de ser aplastado por los automóviles,
detiene la metáfora de su paso por recoger el milagro
de una hoja, sin alcanzar a explicárselo;
hoy que apenas los ascensoristas
se levantan de entre los demás,
hoy que esta loca materia aparece ahogada y vencida,
como lo estuvo siempre, como va a estarlo siempre,
flotando sobre las aguas de los números;
hoy que en tus selvas vírgenes arraigaron los casinos
y suena música disco en todas las Áfricas tonantes,
hoy que en la calle 88 y Broadway una horrible fulana te pasea
impreso en su remera, sonriente con toda la Gloria Americana,
hoy que encuadernado en cuero y con letras doradas
te exhiben los dentistas en sus huecas bibliotecas
y te honran a su modo, repartiendo venenos

por las calles del mundo los ágiles traficantes,
hoy que caen los muros y todas las posteridades se desploman,
hoy que la Historia, esa vieja enemiga,
se ríe de nosotros diciendo que no existe,
como en tu tiempo repetía el Diablo;
hoy que los blandos músculos de los diputados
pueden arrojar al mar, si quieren, a miles de forzudos extranjeros,
hoy que la tímida democracia probó ser más efectiva que los reyes,
hoy que todos por fin somos buenos
y alza su copa radiante el rosado, negro, amarillo y cobrizo
banquete de la vida, más allá
de los caritativos grupos que intentan el soneto,
a través de las bibliotecas barridas por el polvo y las secretarias,
sin dactilografía ni voz ni esperanza ni objeto,
cruzan las geografías dos luces gruesas y potentes
anillando la Tierra. No por el símbolo sino por la mirada
eres como el dios de plástico que cuelga de su pared el asustado,
para que esos Ojos le sigan por la casa. Para nosotros
los mínimos, para nosotros los pocos, para nosotros los débiles,
que sólo queremos estar ociosos, tus párpados están
siempre abiertos, hermano desdeñoso,
Jesucristo el Terrible,
hoy que es una vergüenza tener hambre
siguen mirando *lo mismo* tus fanales salvajes.

Mínima por la muerte de un pequeño escarabajo

también el gato oyó esa agonía minúscula
irritarse entre las plantas: un suceso liviano
adelgazado más y más hasta el sonido de nada,
la nota de la nada otra vez dibujada
por un dios musical en su gran pentagrama.
¿puedo yo también, amigos míos,
ser el último poeta del campo,
siquiera por un momento contemplar
el rápido hilván que con el alma de un insecto al hombro
se aleja sin tocar la más mínima de las hojas?
ay no tener un verso agudo
finísimo como un venablo
para arrojarlo sobre ese instante
que escurre entre el gato y los zapatos
sus mares invisibles, para dejarlo clavado allí,
más suave aun sobre la áspera tierra
abierto y ya sosegado y sangrante
como el primer ciervo muerto en la mañana del mundo

Veo a los soldados de la noche

Dormí, soñé o morí,
detrás del muro oí el chillido de ratón del infinito:
un mundo de plumas que súbitamente se echara a volar
no cruzaría más liviano por los tirantes de esos minutos postizos,
hoy que unen la habitación con el tiempo a través de las ventanas;
y ellos, los soldados de la noche, los poetas viejos y *algunos*
no se han olvidado de dormir, soñar o morir,
un amor brujo por aquellos instantes en que jugaban a los dados
con espejismos que contenían un prado les ha preservado,
detrás de la cara hosca, el gesto amargo con que emboscan su suerte:
hace treinta años este hombre apagado condujo su corazón
hasta el horno donde arden casi todos los otros;
hace cuarenta años fue tentado por su propia sonrisa,
un dedo curvado en el teléfono giraba la rueda
que cerraba la trampa. Hace cincuenta años
estos dientes cariados por la noche ignoraban
el mal aliento de la mentira en su cubil o negaban,
ardientes, esperar la víspera de un cuchillo propicio
en la espalda de otros, precedentes reclutas de la noche.
Hace sesenta años ignoraba este insomnio la helada,
repetida mano que retuerce el cuello de gallina con el infarto,
penúltimo recurso de la conciencia del error empecinado
que puntual reaparece a las tres de la mañana.
Soldado de la noche hace tanto, tanto tiempo,
no eras tú todavía, eras la pluma y el papel,

la vieja tradición de la sonrisa del día.
Jamás decae, no cesa nunca el décimo círculo
que te cierra el alivio del infierno:
los dioses que traicionas no existen ni perdonan.

El mar de los antiguos

No volverá jamás el mar de los antiguos
a rebañar las costas creadas por sus olas.
Un año de ancho, una vida de largo,
se sumió en la honda bocanada del fondo.
Con él las bandas de Erik el Violento
y la pacífica vela de otro ladrón, fenicio,
doblaron para siempre ese horizonte blando
y abajo el precipicio que los tragó
a todos como se cierra un libro.
Ni el ceñudo pirata que un día fue
estatura y bronceado y sombra,
ni el traficante sofocado bajo tricornio y títulos,
tuvieron el poder de detener
aquellas otras olas que se llaman horas;
menos el múltiple ahogado, ése sin nombre,
puede asomar la cabeza ahora
para su intrépido persistir
bajo la luna, a solas.
Ah mar de Eneas y de Ulises
que no eras éste y eras
la cuna del delfín y las especias
y el camino del oro y siempre, lo Otro.
Qué portugueses y españoles eran
cuando eran los que eran en el mar.
¡Y el junco de esa otra historia, la ignorada,

que salía a él bajando de los ríos
como una rama armada de astrolabio,
con hombres amarillos bajo la tensa seda
guardando sus secretos, sus caminos y sus signos!
Veo entre peces voladores
cabalgar la trirreme del romano
y al bajel del griego salir de la zozobra;
todas esas ambiciones que iban tras las Hespérides
encalladas en el arrecife del Minuto.
Y la Sirena, el paganismo de a bordo
recubierto de escamas y colocado fuera,
y el oficial Leviatán del Viejo Testamento
condensados en la ballena blanca
que surcó todavía, en mil ochocientos y tantos,
el querido inolvidable mar de los antiguos.

Una fruta en la hierba

más allá el amplio político mundo de la lengua
aquí la ancha serenidad de las cosas
en el fondo del océano donde vive
cómo puede ser considerada de otra forma
en este arte en que exalta
si el primero que tomó el cincel
el brillo del color humilde reunió en las palabras
el rastro de lo visto
la ancha tranquila serenidad de las cosas
una mitad es la noche la otra mitad es engaño
sentirla es ver moverse al mundo
delgado como un abismo
entre los filos del tiempo
y no alcanza con leer ni basta con mirar
es tan bella que su cuerpo piensa
allí el poeta es la lombriz de tierra
hace de la fruta el huerto
porque en la ciruela ve la sombra del ciruelo

Deja que hable Ezra Pound

Si no tienes nada que decir cállate
deja que hable Ezra Pound
desde las sombras el espléndido anciano
desde la fina línea de agua
el magnífico anciano
te muestra los genuinos billetes de su fortuna
y todos brillan legítimos peces
de un río infinito que sí
ése nunca se detiene.
Si no tienes nada que decir cállate
los altos caballeros las damas abigarradas
que vivieron y murieron y nacieron por esta sola causa
no pueden tener al lado
el tartamudeo de un enano
la cojera de un monedero falso
que delata que el oro de sus verbos
carece de aquella delgada línea de agua
esa *finesse* salvaje la impecable mancha
que no adorna la cabeza del animal escrito
—que cruza sólo un instante por el papel—
sino que sale de adentro del animal desfondado
de las vísceras vivas donde corre la sangre real
—ésa de donde proviene el color del colorado—
y palpita afuera como un monstruo de luz
como una imagen sin otra capilla que cada cosa

de cada universo posible e imposible
la que podría muy bien ser adorada
de pie y sin velos sin altares ni nada
—ni siquiera acólitos—
bajo el nombre de nuestra señora de los verbos
nimbada de estiércoles y nervios
de eclipses y novas oh tú
alta y baja sublime maliciosa
poesía que reinas sobre la amplia noche
y el delgado día

Ella respira la sombra...

Brevemente, ella respira la sombra:
sabe todo lo que no es pero ignora quién es,
en la noche probable y el día sucesivo,
ese tercer mar que habita y la naufraga.
Ella bebe la sombra, viene bebiéndola
como el licor de Alicia desde el primer gateo;
la sombra la hizo crecida y, asustarse,
el tiempo la hará pequeña.
Ella ha cruzado por gestos y por nombres
y ha sido la ofensora y la ofendida,
la tierra que da el dolor y el cielo que contempla, inhabitado,
el segundo de gloria que el animal o la mente
nos brindan cada tanto: hay años que constan
de ese solo segundo. Ella bebe la sombra.
Olvida que va a morir y escapa al odio del espejo,
en mí la contemplo intacta, como se sueña sola.
Encerrada en mi memoria, atraviesa hasta el aire
cuando le da la gana, por peinarse el cabello
o por mirar a otro hombre. Cuando se va, deja la nada.
Nunca me ha sido fiel, ni su fantasma.
Vencida, como todos, me ha vencido:
ya no veré jamás su cuerpo célebre,
su paso fosforescente, se escapa la marea de su sombra.
Ella la bebe y sustrae, deja en el suelo la noche
que sacudo buscándola. Y no cae su sombra.

Es para mí la poblada metáfora, que consuela y salva,
y el horror del rostro innumerable, donde sonríe lejos.
Invulnerable y sola, ella bebe su sombra.

Sexto Gramático es un altorrelieve olvidado en Toscana

La abierta boca sigue hilando
la metáfora más allá del punto
donde las Parcas han cortado el hilo;
no, como argumentara en Iliria,
fue comparable al Circo donde los carros brillan
siete, a lo sumo, breves vueltas,
antes de volver a la sombra donde brama un animal rayado.
Dentro y fuera del muro donde sueña
planetas y esclavos rastrillan la arena
o algo muelen en la lenta maquinaria de los cambios;
ahora que es ayer y es el mañana
sabe por qué los vivos dan siempre
en singular los nombres de lo abstracto,
por qué todas las muertes son la muerte
y él, entre lo avasallado,
es el muro y es él mismo y es el muerto.

Poderosas cigarras del verano

Algo del pasado llegó agitando sus alas,
cruzó el tiempo siguiendo ciegamente la línea de la mañana,
hasta el punto exacto donde es más fresca
bajo las hojas dormidas la casa del gusano.
Vi temblar el agua: fue la sombra de un instante peso,
luego volumen de lo invisible entre las plantas.
Nadie vio nunca una cigarra
que apenas está hecha de calor, de alegría y de canto.
Cuerno de Pan la llamaban los griegos,
porque advertía del paso de una pavorosa belleza
que embosca uno a uno los cuerpos sudorosos de las tardes,
esas horas asustadas por un dios imposible.
Quien ve una cigarra despierta en otro mundo.
Quien la oye entrevé que ha de morirse a solas
entre los brazos de éste,
solo entre las primordiales cosas donde se quedará su alma.
Hace diecisiete años la cigarra que oigo en el verano
fue enterrada en la carne del invierno;
¿quién era el que estaba en mi lugar,
cuando arropada de tierra y de raíces,
ella comenzó a soñar con su lejano canto del verano?
¿quién era aquél que pisaba sobre la cuna de las larvas
también, como la cigarra, soñando con el canto?
 Ahora, cuando te escucho,
sé que piso sobre las cantinelas de futuros veranos

y me pregunto dónde guardo esos oídos lejanos
y dónde fueron las perdidas, ardientes cigarras del pasado.
La sierra de tu melodía
deja de un lado la mañana y del otro pone la siesta,
mientras sueño un animal plural,
algo monstruoso y oculto bajo esta misma tierra
y que nació con el mundo.
Oh cigarra de la creación,
ese día de tu canto habrá un verano absoluto
y yo soy uno de tantos,
uno de los que siempre tienen que irse del verano.

Caracol de sueño sobre una cosa que mata

Una bestia terrible resbala sobre todo:
terrible como decir "yo permanezco",
de la tribu que puede cruzar sobre una hoja de afeitar
tomándose su tiempo,
arrastrando su fuerza pausadamente
sobre el agudo diminuto abismo
que separa un lado de otro lado.
Y no puedo ver la sonrisa de esta casi cosa
tras su hazaña que no puedo imitar,
yo, frágil materia que sólo puede aplastarla,
ella, como casi todas las cosas, fuerte gelatina
determinada a seguir sin que yo exista.
Para mí, la certeza es el brilloso camino de su nunca.

Una avispa cruzó el himen de la ventana

El astuto animal fue ingenuo dos horas por la casa:
antes del polvo de las cosas tocó los helechos salvajes,
los gruesos valles del jardín diminuto,
la piedra que es llanura de lava para su ojo infinito:
un viajero aprensivo por las habitaciones casi desiertas
alentó inútilmente a las plantas prisioneras,
rondó la cabeza del perro semidormido
que lo espantó como a un remordimiento.
La antesala fue el Cañón del Colorado:
antes sus poderosos antepasados visitaron
otras comarcas ausentes de follaje.
Fue curiosidad: Rousseau no pensó
en la avispa negra que anida sólo en tierra
cuando labró la cara del salvaje conveniente, bondadoso;
curiosidad de ver dónde desova su estirpe
y cómo amasa el barro de sus habitaciones el gran animal
blanco que le teme y la espanta desde el origen del tiempo.
Armado activista de otra casa, antigua, abandonada,
donde fuimos el intruso, curioso, como una avispa negra.

El pasado
y las vísperas

Esta mañana escribí dos poemas

Esta mañana escribí dos poemas.
No me pregunto ya por el sentido
que tiene o no tiene este oficio oscuro.
Simplemente es otra manera, posible, de estar vivo.
Me pregunto por el origen
de esas dos cosas que ahora están sobre la mesa,
no exactamente hechas de papel y de pigmentos.
Por los hombres que lo han dicho mejor
y hoy están muertos.
Por los siglos de guerras y de paces
que entre las palabras han corrido.
Me pregunto por los nombres y el semblante
del que en otra parte del globo ha dejado
sobre su mesa otras dos cosas iguales
y que duda también de mi existencia.
Me pregunto por los miles de días y de noches
que han debido transcurrir para que hiciéramos esto.
Por los cientos de personas
que han donado los versos.
Me pregunto por qué, hace un rato,
se ha modificado dos veces este mundo.

La mano

Esta mano que tiendo
y que te aguarda
es otro vano prodigio,
otro milagro inútil
de la serie infinita
que rodea en silencio.
En la mañana que ha dejado
atrás las dos vigilias,
la del insomnio o la del sueño,
que también es posible,
la contemplo a veces con ese solo asombro
que reservamos para lo extraño.
Ha viajado conmigo toda la noche.
Quizá, no lo recuerdo, ha palpado
cosas que no tienen forma.
A su tacto se han abierto
puertas y se han opuesto muros
que tal vez no existen.
Ha temblado de frío o ha sudado
bajo climas que no cambian. Posiblemente
ha sido cortada, como en una noche
de 1676 y permanece intacta.
Ha de viajar conmigo por todo el día.
Es mi remedo: hará girar cerraduras,
tocará lo que han tocado y tocarán los otros.

Todo es un infinito pasamanos.
Aceptará la alevosa amistad e intentará
disuadir las amenazas, que no son otra cosa
que equívocos de amor entre los hombres.
Y no desdeño que las horas de luz
le obliguen a papeles menores:
encender un cigarrillo o dejar
la humillación de la limosna
son parte del misterio donde actúa la mano.
Como yo, mi mano es algo que está
en el mundo para aceptarlo todo.
Ahora, que en la tarde,
cuando contemplo lo que escribe
estas voces sin el honor de algunas precisiones,
oscuramente comprendo
jirones de su metáfora. Como un libro sagrado,
celosamente guardado por el enigma de su lengua,
se ha desgajado otro día
por el paso de la mano.

De lo que huye

Pensar que Spinoza murió puliendo lentes.
Que Blake se fatigaba en una imprenta
esperando la conversación de ese día con los ángeles.
Que por vivir Baudelaire se humillaba ante su madre.
Que Rimbaud fue silenciado por Rimbaud,
para que este ingenuo me hable de la literatura.
Como si posible fuera otra cosa que inventar
ante otros la forma de lo informe
y cobrar un salario. Qué persuadido está
de lo improbable. Esas palabras
han erigido congresos y simposios
y prestigios y famas quizá más perdurables.
Y en el centro, el errante, de esta cosa mundana,
ese brillo salvaje que por disfraz,
por burlarse o por escapar aun más
del terco intento, ha inventado
también estas criaturas, seguro
ríe en alguno desde el fondo de la sala.
O mira con piedad su simulacro.

César Vallejo

Por los corredores de la imaginación ir caminando,
libre y solo para siempre, como cuando era
y no sabía que era un niño,
hasta olvidar que estoy imaginando.
Que esta carne pesada, que orina y suda,
en una o dos ideas se resuma
o vuelva bien atrás, a esa casi nada
que casi nada ve en su cielo nublado.
Devuélveme al chimpancé o hazme sólo literatura,
mas no me dejes la condición de hombre.
Esto que todo lo pesa en mí
afuera no pesa nada.

Al castellano

I.

En esta lengua que hablo, en estas frases de un eco
cuántas voces viven, cuánto eres la inmortalidad,
lengua de plurales que siendo una eres
metáfora de aquello que siendo uno es lo diverso.
El todo te contiene y tú contienes esa palabra: Universo.
Porque de qué otro modo podrían vivir en estos verbos,
en estas sonoridades, en estos silencios y alturas,
tantas sombras que fueron y tantas que serán mañana:
de las que serán ya están las palabras en las bocas
y estuvieron en la luna sangrienta de Quevedo,
en la mañana en que Díaz de Vivar tomó una ciudad
ya muerto, en la impávida marinería que otra mañana,
de octubre, vio una costa (sueño dentro de un sueño),
y estaba hecha de dolor, de hambre y de coraje.
Oh lengua donde cabalgan hombres y donde
tantas lenguas han desembocado,
ancho río de España que ha salido al mar,
es cierto que no conservaste para nosotros
la gracia leve de las declinaciones,
pero del sólido latín vienen tus huesos,
la carne somos hoy los que te hablamos
(el centurión que rige en la provincia
lejana de su imperio, no comprende
que al pedir el vino pide a la historia que conserve

unos distintos matices, unos cambios que no serán
fugaces como su humana sombra,
sino el futuro del habla de Virgilio).
El fenicio que apoyaba su balanza en su lanza
y desde lo conjeturable a cambio
nos dejó su sangre y sus palabras.
El doctor que en la Torá canta al Dios de Abraham,
el duro visigodo que bautiza a su hijo
con trabajosas frases que ya no son exactamente las sajonas
con que fue nombrado. El victorioso muslín,
que bajo el verde triángulo de sus banderas
no sabe que fue él el conquistado.
El probable griego que lejos de Bizancio
sumó a sus ciencias el arte de vivir en el exilio.
El capitán de hombres, asturiano,
que juró sobre la espada de hierro tomar esa colina
y en la colina duerme desde entonces.
El fraile que en la celda deleita las horas y las horas,
al resguardo del muro y de su tiempo,
inclinado sobre el tomo y que transcribe
siglos después el porvenir de esos ecos,
las frases de Aristóteles y los dobles sueños de Plutarco,
no conoce que en lo que ara su pluma
otro rumbo se ha abierto.
Lo supo el triste, el alto, el solo
que soñó en la cárcel que era Miguel de Cervantes
y que escribía el Quijote.
Ni el judío ni el moro ni el cristiano
que disputan y entremezclan sus sangres
en tu sonoro ancestro lo comprenden:
de qué miles de hombres y de historias
has salido, lengua de Gracián y las Américas.

II.

Veo en ti. No estás hecho de sonidos solamente,
ni de ideas solamente ni de conceptos. Fuiste hecho
también para nombrar esas penumbras de las imprecisiones,
la ambigua senda que entre la palabra y los hechos
declara su dominio. Otra proeza tuya, castellano.
Que la eternidad tenga un cuerpo y que podamos
palpar el peso de una hora en la palabra.
En Persia ciertas oraciones podían mover los astros;
sólo tú, ahora, puedes convocarlos. Que yo diga pradera
y la pradera se extienda, como una alfombra sin árboles,
amarillento cielo derramado de aquí hasta el horizonte.
Que yo diga volcán y que éste brote en la habitación sonora,
arrancando los pisos e hirviendo los aires y el aliento.
Que diga mar y pise el légamo del fondo
con los cabellos sacudidos por las olas, todo venido en torno
sueño líquido, blando peso en movimiento, inconmensurable.
Que diga aire y me eleve o todo hacia algún allá descienda,
como si cayera la tierra y en el mismo lugar me quedara, solo.
De alguna forma, en millones de bocas,
lo has abarcado todo, lo has devorado todo:
¿qué otras palabras, como gentes del futuro,
en ti, lengua infinita, allá adelante esperan por nosotros?
Cuáles habrá para nombrar lo que no ha nacido nunca,
como no habían nacido antes éstas que hablamos.
Si presente es eso que al nombrarlo en ti
es lo que ha sido, más el mañana de lo mismo, incluso,
lengua que has sido la de Góngora y es mía,
usando tus palabras yo te sueño tan eterna
como la tierra y el aire. A ti, que abarcas por igual
el fuego y el agua y la tierra y el aire.

La yegua de la noche

Veo a una mujer maquillarse

Veo a una mujer maquillarse cualquier mujer y cambia
primero está pensando en otra cosa (porque cuando una mujer
comienza a maquillarse aún no ha separado este acto del resto del día)

Pero luego disponiendo los objetos varios que la ceremonia
determina preciosamente en su exacto lugar en torno de sus manos
la mujer sabe que algo ha ingresado de nuevo a este mundo
Se abstiene sin embargo de nombrar eso que viene
Polvos cremas pinturas para la delicada construcción
lápices que escribirán otras palabras que estas
palabras que intentarán decir a la que esconde
La otra como ella se ve debe ser dibujada por esta la que se asoma
al espejo para verla
Ella está como tímida ante su hermana mayor que insiste insiste
"sácame de la nada invócame haz que nuevamente sea
entre los seres las horas y las cosas
haz que sea nuevamente entre los hombres
sí sobre todo haz que nuevamente sea entre los hombres"
Y la pequeña se somete al llamado de la grande
y la saca y la dibuja en el espejo
Del otro lado se queda ella colocada en el dibujo
Polvos cremas pinturas lápices el instrumental es el mismo
de todas las ceremonias semejantes
quien fabrica estas cosas sí que sabe lo que hace
Veo a una mujer maquillarse y me fascina

Por su parte y como siempre la mujer sólo está fascinada por sí misma
Nada ni nadie existe ni cuando se acerca al espejo
ni cuando está ante el espejo ni cuando se quita de él
Extraña especie tan cantada y sorda
Navega por la vida atada a su poder y lo puesto en sus oídos
lo colocado ante sus ojos lo concentrado en su boca la salva de caer
Será por eso que ante una estamos siempre solos
Enigmas de lo que no puede caer
Ahora traza una línea ha dudado no por no saber sino porque
conociendo el significado de la ceremonia goza de lo preliminar
ahora traza una línea y divide el día en dos
Ya fue hecho lo demás es desarrollo una línea azul oscura apenas un
[trazo
sobre el ojo izquierdo que ha sido completamente transformado
Ya no es un ojo humano no es el ojo que vino con ella del vientre que
[sabía
que paría a una mujer sino un ojo de ella
definitivamente suyo
El ojo mira al resto en el espejo y está satisfecho
parpadea para alentar a la mujer
La otra la mira desde ese ojo donde ya se asoma y vigilante
la obliga a lo demás
Sin embargo la mujer hace una pausa a medias maquillada bebe
una taza de té hay un placer en eso de andar
a medias maquillada por el mundo
Paralelamente es como demostrarle todavía a la otra un diminuto poder
una ligera potencia que alcanza a diferirla pero que no podrá evitarla
Cosa que ambas saben y agradecen
Pero finalmente también el ojo derecho cambia y la otra ya ve
perfectamente en el espejo ahora es ella la que ve
y la primera mujer se va yendo lentamente trazo a trazo
Hay unas cremas castañas untuosas

con las que las mujeres cambian de piel
no oscurecen la suya sino que sacan la otra piel
de las mejillas la dejan asomar
Ignoro por completo el nombre de ese ungüento
como ignoro los nombres
de los otros elementos de la ceremonia porque ellos
y sus nombres
pertenecen por completo al otro mundo
El que convive con el del hombre en esta tierra y en la historia
Nombres cosas términos precisos que no podemos comprender
que vienen de otra lengua que son dichos en otra lengua
mucho más sugestiva que la nuestra
una lengua que está hecha para usarla en voz baja casi susurrándola
Porque no pertenece al universo de las grandes expansiones sino
al de la reserva al de lo íntimo lo cerrado
En esa lengua hablan entre sí las mujeres
y hablan ante el espejo con la otra
Donde un gesto quiere decir otra cosa donde ninguna palabra
se corresponde con las nuestras allí en esa lengua una mujer se maquilla
y nosotros creemos que se adorna
Ante el espejo todo ha sido consumado
y la otra ya está en este mundo
la mujer anterior se ha ido y esta es la que se mira entera
Mueve alternativamente un músculo sonríe levanta o inclina la cabeza
como un actor que calcula sus fuerzas y ensaya previamente movi-
mientos
Esta mujer otra mide ante el espejo sinuosidades gestos pausas
A solas previas únicas estas gesticulaciones
son como los arquetipos
que viven perfectos en el mundo de las ideas
pero luego se plasman en número
Repeticiones de cada uno de estos movimientos serán lanzadas

con alevosa precisión sobre el mundo de las cosas
Se incorporarán a él sin perder su condición de extrañas
La mujer no es sólo ella sino también sus gestos además del cuerpo
ocupa el alrededor del cuerpo la habitación el lugar
entero donde se encuentre
Como esta mujer la otra que todavía
se mira un poco más en el espejo
máscara de la máscara ficción se cree que completa

Kustendje, a orillas del Mar Negro

Para José Kozer

Me decías en tu carta que es bella Kustendje,
cuando los chinos y el viento llegan del Mar Negro
y que no lejos de la estación de ómnibus
hay una piedra donde —te dijeron— se sentaba Ovidio
cuando se llamaba Tomis y era su destierro.

Nadie, la divinidad, nos salve del favor de los poderosos,
que de los cambios no se salva nadie.

Que ayer demolieron la última estatua de Lenin
y que en Tomis él lloraba la Roma nocturna,
risueña, la frívola lectura de poemas de amor,
la arrepentida resaca del mediodía siguiente,
cuando con otros ociosos comentaba licencias,
conquistas o rechazos, en los baños o en las calles
de un mundo que reía para siempre.

Me decías en tu carta que todavía murmuran poco inglés
y que mientras hablaba solo y espantaba a las gallinas
con la voz de sus hexámetros, seguía siendo Ovidio
aquel viejo andrajoso, el mismo que otras ropas
y cabellos y perfumes presentaron a Augusto.

Que ya sabías por qué las piedras y los versos
cambian, cuando cambia la mirada, así como
—antes de la metamorfosis— Ovidio supo
por qué la poesía le interesa a nadie.

Del amor por los bárbaros

Lo opuesto busca su opuesto
Y en lo blanco la gota que hay de negro
Crece
Hasta hacer lo blanco negro
Y así en lo contrario hace la gota blanca

Todos deseamos lo opuesto
Que encarna frente a ti
De tanto en tanto
Y trae su exótica religión su idea del asunto
Sus distracciones sus aparentes crueldades
El poco cuidado con que trata los más preciados dones
Las ofrendas y regalos que destinábamos
Antes
A nuestro propio fetiche
Tal nuestra donación

Los bárbaros poseen la ingenuidad de lo que fuimos
Aquello que en ellos no ha crecido nunca
O bien nunca lo ha hecho en esta dirección

Son lo que fue posible que fuéramos hoy y no prosperó
Por eso la ternura el celo el interés que sentimos
Por su aparente torpeza
Su falta constante de consideración

Nuestro consuelo cuando nos matan sus actos
es mirarlos benignamente
Y acariciar o al menos intentar hacerlo
La brutalidad que destroza y que
Cuando se les reprocha
Sinceramente no comprenden
Como no comprenderían si llorásemos delante de ellos
El porqué de todas esas lágrimas se sienten inocentes
Lo son nuestra es la tragedia de entenderlo
Y de entender que nada podemos hacer
Ni por amor ni por odio para redimir a la criatura
De su condición de bárbara

Este de todos los dones es quizás el más extraño
Que nos dieron nuestros dioses
Nuestros dioses que no existen

También están esos bárbaros que se nos parecen
Pero no son nosotros cuídate sobre todo de ellos
Son los más peligrosos son los que realmente
Llegan a tu corazón
Con sus similitudes
Sus engaños de los que son desde luego
Totalmente inocentes

Pero nadie cambia a los bárbaros

Y cuando aparece su barbarie expresa su "bajeza"
Su "violencia" su "impiedad" su fastidiosa negligencia extrema
Ya están dentro de nosotros y es tarde
Muy tarde para todo

Y no se van jamás de aquello
Que conquistó su impericia su malicia inconsciente
Y también su destreza
Largamente adquirida
En combate contra otros bárbaros

Seremos su triunfo la gota de alegría infantil
Que dura un día
La jactancia a solas que pronto se disipa
Nuestras serán las ruinas las veneradas estatuas
Rotas que vendimos por ellos a precio de mercado
Nada o casi nada vale algo nuestro entre los bárbaros
Y nuestra será la noche donde algo se incendiará
Eternamente para siempre en llamas
Por amor a los bárbaros

2006

La tarde del elefante
y otros poemas

En el arduo aniversario de una boda

"Después de la primera muerte ya no hay otra"
Dylan Thomas

Nuestra generación fue un puñado de hombres solos,
una pizca de mujeres destruidas,
un manojo de nadas sin zapatos,
el racimo de las viñas de la ira.
Yo que agonizo
me permito evocarte aunque mi recuerdo
te cause asco, nena, asco profundo,
como causa asco la inmunda mermelada que transpiran
los siempre equivocados porque aman demasiado,
aunque el credo y el miserere que rezamos siempre
tú y yo solos en dos noches separadas a sabiendas por nosotros
—tuyo el creo solo en mí y mío entero el miserable de mí—
desde entonces dicen
que nunca nunca se ama demasiado:
¿o no será acaso, en lo profundo, lo que nadie puede ver,
al revés el oscuro latín de lo real?
Concentrado todo da pavor en el urgente fin de siglo,
hay que terminarlo de un modo o de otro
y éste es el fúnebre galán de la fiesta,
vestido para la fecha que ya
un cuarto de centuria arranca.
Lástima, en *september love,*

que no fue aquélla ni ésta mi noche de septiembre.
Una sangrienta primavera baja sobre la noche del suicida
y la náusea habita desde entonces cada esponsal.
Creo ver a tu padre muerto con su dedo
hundir la hondura a donde dio la noche,
a la loca de tu madre pegándote en la cara
el monograma indeleble de otra loca en su progenie.
Creo ver a unos muertos celebrar la boda,
mi ojo derecho —el que mira al olvido—
 arranca del olvido precoz
la sonrisa que perfora la vergüenza.
Mi ojo izquierdo, el que mira a la vejez,
arruga del futuro, verruga de lo que fue terso,
se complace en las vísperas anticipando
tu rostro y el mío entre las llamas
arder como dos fotografías viejas.
¿Fui el fantasma de la noche
y de las noches luego felices,
las noches y las tardes
en que engendraste a tus hijos?
¿No fui acaso el olvido y lo reído por los esposos,
cuando la burla a los que pasaban raudos en el tren,
un rostro tiznado de furia asomándose
desde la locomotora, el primero de los que veían
desnuda a la virgen loca bailar con el idiota?
Dame al menos ese miserable papel en tu vida,
el del diario arrugado que se aleja por la ruta
que lleva a un pueblo de cobardes
la noticia titular que yo lamento.
Dime, hoy muda calavera de lo que amé
hasta la esquina misma del infortunio,
si yo, que albergo esta pecera de imágenes

donde hasta cabe Virgilio, no era entonces,
en la riente oscuridad, entre los labios
de la muerte que en la florida edad
todas las señas tienen de la vida,
sino lo ridículo y eterno donde lo llorado
llora lo que no ve de sí, ese sí mismo.
Mátame. Pero no
de a poco, como la vida.
De una palabra mátame.
De una mirada sola.

La tarde del elefante

A mi amigo, el poeta Nicholas Stix,
en donde sea que esté.

¿recuerdas, nick, la tarde del elefante?
tú estabas abrumado por el enésimo rechazo
que esa mujer casada madre ya de cuatro hijos
te había propinado por teléfono
lo único que te daba desde hacía
entonces once años
al menos
cuando era soltera te lo decía en la cara
y estabas irritado de veras enojado
porque llegué una hora tarde
y te dejé solo en la enorme nueva york
por otra hora más entregado a ti mismo
ni mi taxi ni mis disculpas calmaron
tu rabia anglosajona
decías sólo se está solo en las grandes ciudades
¿te acuerdas, nickie, de la tarde del elefante?
muchas lluvias y nieves y pisadas
de zapatos italianos y de zapatos deportivos
pasaron por esa esquina del village
pero ella no ha olvidado todavía la tarde del elefante
tú me sermoneabas en tu álgido inglés
sin darte cuenta de que yo también estaba derrumbado

y entonces esa enorme sombra

hablabas del tedio de las ciudades
del aburrimiento amarillo que se pone
al oeste del puente de tu brooklin
y de las mujeres jóvenes que cruzan solas
y en ómnibus los laberintos sedosos de central park
rumbo a esos cuartos donde la calefacción les falla

y entonces esas pisadas majestuosas

hablabas de que no te habían incluido en esa antología
y decías que el marido de ella era calvo
ceceoso y que dibujaba historietas
el tonto de los cómics repetías
el tonto de los tebeos repetías
mientras la gente
siempre está alerta la gente
dejaba corriendo la acera
tumbaba las sillas
y olvidaba a los niños en su loca carrera
decías que la rutina es una vieja ciega
que mendiga monedas por bond street y por harlem
y que cada persona la recibe en su casa

entonces ese gordo la mole
se quedó parado cerca de nuestra mesa
en la esquina desierta mientras el cajero
temblando llamaba a la policía

cinco mil kilogramos de pacífica selva

aplastando el asfalto una inmensa epifanía gris
de cuatro metros de alto y esa trompa curiosa
con un dedo en la punta
que probaba las frutas de las mesas caídas
y revoleaba jugando los manteles manchados

aplastó en su huida de algún circo o del zoo
a esa vieja mendiga que a la gente oprimida
acongoja en su casa
nos miraba sin miedo como todas las cosas
que sonriendo repiten soy amigo del hombre

Un insecto en enero

mínima en la ventana una presencia activa
apenas diferente del aire en su elemental dibujo

más seis patas y dos alas que el cuerpo verde
apenas una línea que atravesó
millones de años en su aleteo
desde los ollares de los dinosaurios
hasta el sobrio y frío presente en mi ventana

nunca fue más grande y jamás abundó:
cuando plantas que hoy son la hierba
alcanzaban alturas y redondeaban formas colosales
unos pocos como él se elevaban
hacia las lejanas copas con no poco esfuerzo
de esas mismas delicadas membranas
que frente a mí apenas mueve o que reposan

allí donde refleja el todo otro vasto mundo
que también le pertenece

su victoria hecha de un silencio seguro
como todas las cosas

Su pequeño tiempo detenido

el automóvil que lo mató
se alejó seguro de sí mismo
y ahora duerme su sueño de motor
en un desaliñado garaje del suburbio

mañana le limpiarán la sangre
antes de ir a trabajar

el criminal no duerme sin embargo:
discute con su esposa el tema de la renta
se ha olvidado por completo del gato
que hasta que llegó la tarde estaba hecho
de músculos y encanto
de sanguinaria agilidad y de silencio

ahora en la lejana calle
sólo está hecho de tiempo detenido
y lo buscan las hormigas
que caminan siempre
por un desierto infinito
donde el agua escasea
pero abunda la comida

ese país escondido donde ponemos los pies

la calle sigue como siempre calle
como estuvo ayer como estaba
en la tarde de la muerte
como seguirá durante todos
los indefinidos mañanas

el cielo apenas más oscuro
apenas alguien solo
que cruza por la esquina
y de tanto en tanto otro automóvil
que busca algún ser vivo

sólo el gato cambió
o su mitad que es todo
lo que quedó en la acera

hoy que la muerte
ha capturado otro ratón

El extravagante viajero, río arriba

Entonces lo vi en el agua aceitosa,
regalo de la industria y del odio a lo vivo,
remontando río arriba la corriente:
el salmón imposible,
un monstruo musculoso
ornado de verdes y violetas,
de naranjas y rojos,
en la librea que sólo presta el deseo
a los ansiosos por reproducirlo a toda costa.
Insólito tornasol entre la basura
del río condenado,
como un hombre empecinado
en encontrar el camino que le diga
"soy tu vida", un regalo
para la candidez empecinada en creer,
un estímulo para los músculos tensados
bajo las ásperas escamas,
una sobredosis de hormonas
inundando el cerebro diminuto.
Y esa boca abierta al deseo de respirar
todavía algo más de su último día,
guardaba la postrera sílaba
de aquellos que no se dejan vencer
ni por su propia idiotez
ni por las aristas de los muelles
donde nunca paran, donde jamás
por cosa alguna se detienen.

Una garza en Buenos Aires

Algún pincel trazó una rápida letra S
delgada y blanca
sobre el agua castaña y allí estaba
de improviso la garza,
los turistas no la vieron
y ella sí vio todo y a todos, rápida
e inmóvil sobre el milagro del agua.
Un espejo en medio de la ciudad
negligente, pintado de transparente,
un ojal abierto que abrochó en un solo momento
toda la ropa vestida por el invierno.
Ella seguía en la orilla fatal de su propio Amazonas,
la pata desdeñosa replegada contra el cuerpo,
en un decir mi equilibrio está hecho
de una perenne silueta
y de una manera perenne que no los reconoce.
Era un arpón paciente atento sólo al cálculo
entre el berrido juguetón de los patos domésticos,
solamente ella precisa como una diminuta guadaña
en el Jardín Japonés que afable exponía sus gracias,
con esa serenidad oriental que nada sabe
de los bruscos asesinatos de una garza con hambre.
Todos se fueron pero de modo igual yo no vi nada:
faltó un segundo entre las cosas, creí;
un instante en el instante siguiente
fue sanguinariamente salteado,
pero cuando la garza voló
otra vida que la suya en el estanque faltaba.

La mofeta de Juan Cristóbal

era un niño cuando su camino se cruzó con el mío
y ya llevaba tozudamente prisionero
—sujetado siempre con una correa para perros—
aquel hermoso animal blanco y negro
al que naturalmente le daba un nombre ridículo
y decía sonriente que su padre
(un impúdico veterinario)
le había extirpado "las glándulas de veneno"

la mofeta de juan cristóbal
esa bestia amputada
en su traje de presidiario
mordisqueaba las rosas de todos los jardines
como si envidiara su perfume
y olía cuanto encontraba
tal vez buscando su propio
definitivo hedor perdido para siempre

era odiado por todos
ya que sus garras agudas destrozaban los canteros
y daban vuelta los ladrillos colocados ex profeso
para caminar por ellos atravesando las calles de tierra
cuando la lluvia inundaba los senderos del pueblo

ello solo y la mala prensa de ser una mofeta

bastan para convocar el odio de las multitudes

todos alguna vez fuimos la mofeta de juan cristóbal
inerme bola de pelos privada de toda arma

un granjero la mató a escopetazos
una tarde en que su dios el niño
dormía: despertó en un sueño
donde el animalito ya no existía
y me vio y lloró
no por el animal indefenso
sino por lo que su infancia había perdido

cría de otro animal más fuerte
que una mofeta indefensa
la culpaba sin saberlo
de haberle hecho daño
patas arriba junto a una cerca
que se llenaba de moscas

una definitiva maldad camina entre las cosas

Manhattan song.
Cinco poemas occidentales

Underground New York

Arriba sopla el cannabis
El viento de la ciudad entre los que hablan solos
Y aquí abajo los trenes brillan y van y vienen
Por el cribado laberinto. La mujer negra borracha sola
A medias incorporada sobre el banco de la estación Lexinton
Le explica interminablemente al prudente policía
—Oigo apenas entre el bosque de sombreros que sonríen
Las blancas manos que aprietan sus carteras
Los impávidos latinos que como yo
Son bárbaros en la farsa de Roma—
Los detalles de una muerte —es su esposo un niño o su trabajo—
Que la llevaron al abandono de la recta vertical de su cuerpo larguísimo
Al charco que bajo el banco de la culpable se derrama. Al abandono.
Entonces la pequeña japonesa
—Dónde dejó la vitrina minúscula de su caja de música
El *tu-tu* absurdo como la envoltura de un bombón
A mitad de camino entre los agujeros de las medias de baile
Y la cara de la loca—
Hizo un rotundo *croisse*
Burlando con su pelo de teñido amarillo
Las mandíbulas verticales
Clavada en puntas de pie sobre el piso en movimiento
Un lago de los cisnes a toda carrera
Bajo el piso nevado de Manhattan.

Luego el vaso blanco de su delicado y dignísimo gesto
Entre saltos y reverencias y miradas a otra parte
Sin abandonar el otro lado desde donde no nos miraba.
Dónde estaba la pequeña japonesa
En qué salón de luces y de aplausos
Cuando en medio del vagón inclinó el tronco y la cabeza
Y extendió las manos de uñas despintadas
La boca torcida por su risa demente.

En el fondo del vaso sola como su alma la moneda.

El Hudson

> *O! Und dann wieder dies Bei-sich-selbst-Sein!*
> *Diese Stummheiten! Dies Gebriebenwerden!*
> ....
> *¡Oh! ¡Y luego estar con uno mismo!*
> *¡Estos enmudecimientos! ¡Este andar a la deriva!*
> **Gottfried Benn**

Cuando la tomamos demasiado en serio,
La poesía empieza a tomarnos en broma:

Dónde es el papel, en qué otro cielo
Vuela este insecto porque yo lo escribo.
Por qué cadencias la madurez de su ausencia
Se troca en lo que ya antes sin yo saberlo era
Una agregada catástrofe, quizá feliz,
Sin que sea del todo aquí la falta del volumen
Y del peso, casi inconsistente pero ya
Medianamente cierto, éste
Que revolotea entre el cuarto y aquel cielo,
Sin duda tan entero como nosotros
Lo estamos de su lado.
Y si no, certidumbre dime
De dónde viene y adónde va
Su desafiante respiración
Que señalas como ajena y es suya

Aunque lejana, en trayecto.
De igual modo allí están
Cuantos y cuanto no veo,
Adonde el insecto va y donde vuela...

¿Quieres cuál insecto, dime, tras esos bordes?

Nadie conjura nada que no lo haya evocado.

Y leer que es buscar
Lo que más se teme,
El otro acto tan indivisible
Como el caballo o el hombre del centauro,
No es atravesar ningún borde
Sino en la misma vigilia otra repentina forma;
Las manos que vuelven cada página
Abren la maleza de una ambigua selva.
Atardece, es de noche en la ciénaga,
Ya ves como obediente a la luz que declina
Se ha posado a cantar en la orilla vecina,
Las alas contra el cuerpo, inocente de todo.
Nada puede ocurrir si le acierta esta piedra.

I.

¿Qué otro río es éste bajo el nombre
Sino el mismo río que te mata, Heráclito, en sus aguas?
Las saladas y las dulces son el idéntico
Caudal que las transporta:
Una orilla es el Hudson, otra es el Ganges
Y hay otra orilla, además, para otros nombres.

Ancho y angosto, largo y corto río del mundo
Al que tomamos por sus meandros:
Incluso el que gotea en sus sótanos profundos.
Todo es la orilla: ni la rueda ni el fuego ni el lenguaje
Salieron jamás hacia otras tierras que no fueran esta azul Mesopotamia.
Siempre atrás, siempre adelante,
Nunca supiste, Almirante,
Cuán interiores
Eran las aguas que cruzaste.

Así es de noche y es de día en cada mitad del río.

II.

Qué ingenuo, viejo Hudson, el que creyó
Que iba a hablar de ti y del Rin y del Danubio,
Cuando esta noche he bebido tus metáforas
Como allá enfrente ¿es New Jersey? alguien bebe
Su vodka, su arak, su whisky, el usho de las Cícladas,
El vino negro y espeso de un fuerte mediodía.
El trago de tus aguas que emborrachan lleva
Al centro mismo de tu corriente múltiple:

Cuanto más quito de ella, más le devuelvo.

¿Qué relación habrá, íntimo Hudson, entre tú
Y este río al que veo escurrirse entre los puentes,
Este sí, seguro, de la estirpe del río único del que habla el primer canto?
Cuánto se aclararía y se enturbiaría de saberlo,
Entre un juego del mundo y un juego de palabras.

Pero tenía que engañarte a ti que lees o a ti que escuchas
(¿Dónde, en qué lugar correrá ahora, después de escrito,
El poema-río?) para que con menos desconfianza
me acompañaras a estos movedizos remolinos,
donde como en el desorden de una sopa de letras
muchos nombres se asoman y se esconden.
Me pregunto también qué pasaría si estuviera a mi lado
un poderoso policía, un hombre bueno,
y tuviera que explicarle todo esto paso a paso,
la intoxicación con agua que no está
pero que sí, también ella deja su huella en el aliento
y un andar trémulo y distante,
es esto ya una experiencia rara en el mundo
pero igualmente fácil de confundir con otras dilatadas pupilas,
con otros pulsos alterados, con otras alucinaciones ¿más baratas?
Ni hablar de las secuelas. Crea un hábito incontenible.
En otros tiempos seguramente había quien mataba para proporcio-

                                            [nársela

(¿Me escuchas Gilles de Rais?
¿Me escuchas gran Tiberio debajo de la tierra?)
O nunca hubo nadie en ese trance.
Ni siquiera alguien que muriera por ella;
viejo Hudson de la mente, tú que eres su objeto y su riego
tendrías que saberlo y que decírmelo.

Ya nadie dice "caballo"
y hay un potrillo nuevo sobre el mundo.
Maldice, bendice, de ahora en más
el pan que lleves a tu boca sabrá a contradicción.

Cinco contrapuntos para Erasmo de Rotterdam

I.

Gira en el espacio esta pelota de crímenes,
Cruza tu inmenso cuerpo negro, Jack Frost,
En el centro del siglo XX el Minotauro:
Contra la peluda noche de Calibán
La constelación de Ariel recortada y solitaria
¿O en la noche de Ariel
el brillo aún de Calibán?
Solo entre tus holografías
Mudo y desnudo como una figura de tapiz
Escucha Erasmo lo que dice para tus oídos de gobelino
El televisor, bestia parlante, sibila, dios hermafrodita de mi época:

"UN HOMBRE DE 1956

el perro desciende del lobo
y aun el hombre tiene del ángel
si no la espada un poco cada tanto
de brillo entre las sienes, un gran minuto
que compensa el plomo de diez años;
idéntico el hindú desnudo (que no es
el pensante payaso de sus imágenes,
sino el antiguo ario que habita el ramayana)
dice grave que al oro del tiempo

siguió el hierro, como el metal del día
se funde y se desangra en el hueco inevitable de la noche:
la alta luna que da al olvido.
veo girar la rueda: gira siempre
ya ha devorado a ovidio y a la liviana
caricia de lucano; suya y no del día
va siendo un poco más cada hora la gracias de tu albatros
tenebroso carlos clarividente. antes lo fue
la gaviota del viejo marinero.
el tiempo se alimenta de tiempo:
a mi alrededor todas las cosas dicen
que ahab cazará su ballena finalmente.
ya se inclina sobre sus libros aquella
que con ser apenas un Gran Recuerdo
era el Recuerdo. como su lector
ella tiene la cabeza blanca."

Allí, en las sincronías, esto sin suceder
No detiene tu caballo en medio de la Aquitania,
Taciturno Erasmo, como la pluma sin pausa
Tampoco deja de apoyarse en la sacudida montura:
Pero Erasmo, ¿acaso tú, de la misma manera,
No haces ningún caso de las ruinas romanas que salen al paisaje,
Como ellas desdeñaron a los profusos menhires de Bretaña
Surgiendo de sus cimientos?

Y sin embargo, ya no es fácil separar a los bárbaros de los helenos.

No me digas que la Gran Madre Biológica
Quiere raptar a su niña, porque eso es fácil
Y no digno de tu rictus permanente:
Allá en la meta Tomás no es todavía San Moro

Y ya tiene en la garganta un gran tiara roja:
El hombre es el único animal que muere por ética
Y ese es el más provechoso elogio de su locura,
Esto es cierto como todo lo que dice la radio;
Pero... ¿seguirán muriendo, Erasmo?
¿O volverán en acto, después de la palabra, a la Gran Madre,
que arrime el cuidadoso alimento,
el cuidadoso cultivo de los cuerpos donados,
el cuidadoso pensamiento, en fin,
para no lastimar ninguna de las delicadas partes mientras vivan?

Una vez más, ¿Ariel es la noche
O lo oscuro es Calibán?

II.

Cayo Suetonio Tranquilo iba del archivo a la orgía
Murmurando entre dientes "todo esplendor perecerá";
Él contaba los césares con los dedos de la mano
"La historia siempre juega a los naipes", repetía,
Siempre lejos del oído poderoso de Adriano.
"Sólo yo veo la mugre de sus manos
Dejar sobre el verde de la época lo gastado de la carta",
Se consolaba en el bullicio de los baños públicos,
Entre las apuestas y los pactos para levantar
El precio del trigo en Aquitania.
"Ella tiene los dedos sucios", insistía en el circo
Y "¿Cuántas Romas vendrán después de ésta?" suspiraba
Sin atender a las ofertas galas del mercado de gente.
"Sólo lamento que no vaya a estar allí para llevar las sucesivas estadís-
                                                            [ticas",

Se persuadía en la cena:
Rellenas lenguas de flamenco, alondras en hojaldre,
Tibios entremeses de carpa, lampreas en salsa de jengibre,
Jamón de oso, truchas. Peones de ajedrez
Antes del gran jabalí sabino, espléndido como un imperio
Cruzado por ríos de foscum de Falerno.
"Mientras ésta y no otra sea mi única preocupación,
Estaré a salvo de esos dedos sucios", concluía
Antes de dormirse... al día siguiente era otra historia.
"Ah, Lucano, tú viniste al mundo a divertirte.
Ah, Virgilio, tú pasaste por el mundo seguro de una ruta más feliz.
Ah, Horacio, tu nombre está hecho de incienso y de mareas.
Todos juntos me dejaron la alternativa única de esta noche.
La otra no es menos temible:

ANDREW MARVELL

arduo y astuto, por caminos invisibles
(a la usanza de Dios)
voy llevando al corazón de los hombres
el apasionado amor por la palabra:
así como dice la rama inclinada en el estanque
muda y sin un eco pero alada
y se repite. que la sociedad de poetas de londres
brame aullidos al rey y su perrera:
mío y de john donne es el fruto amargo de la rama.
ni los dialectos que vienen de más allá del mar
ni las candideces labradas al estilo del día
pueden con la fuerza que indica
que todo perecerá: mi poesía es del hueso
que dejan tras de sí los papeles y las épocas.
cuanto es el día no dura más que el día.

pero no está desnuda la pobre,
que siempre es la Obligada y la Rota, Invicta Abandonada:
yo venceré. no yo, sino la rama".

III.

A fin de cuentas no hemos logrado nada.
Estos bocetos, fintas sobre el papel inconcluso,
El rollo enorme que se devana y devana
Cayendo sobre el piso como los pliegues de grasa
Del cuello de una ballena.
¿No fue todo, acaso, de Gilgamesh
A lo último, el Profuso Testamento?
Erasmo, no tenemos la dicha de ser Enkidu.
¿O tu Santo Moro es acaso, en el fondo,
Más allá de las formas la forma de Enkidu?
¿Si la Palabra es la hierba mágica,
Por qué no puede encontrarla Enkidu?
¿Acaso tú no eres la forma, Erasmo,
Que tuvo Enkidu de encontrar la forma?
En Babilonia la gente no quiere hacer nada,
Sólo Erasmo dispara contra el Reloj,
Como un antiguo duelista,
Mientras el Reloj susurra:

"no temas la depresión nerviosa
no mires a la calle pero mucho menos adentro de tu casa
si alguien dice para animarte
´cada amanecer inventa una sonrisa´
no busques la barreta de hierro
ni le pongas pentotal sódico en el vermouth

(lo primero es mera envidia
lo segundo el eterno y simple anhelo de compañía)
cae la sombra pero tú no le temas la depresión nerviosa

pero cae la sombra

no conozco a ningún hombre inteligente
que no sueñe con ser el idiota
cuando sus dos se quedan a solas

pero cae la sombra"

Y si viene el Mantuano
No va a decirte ya que estás en medio de la vida
Ni que eres responsable de la construcción
Ni de la conservación de nada
Todo esto sucedió hace largo tiempo me acuerdo
No te preocupes: ya entonces era todo poco amistoso
Y por todos lados corrían activísimos

Aunque las escaleras estaban mucho menos polvorientas
Subieron y bajaron innumerables libros

Nadie puede soñar de nuevo con la isla legendaria
Aunque si entras allí o te das cuenta de que estás allí
Hazme caso y conserva la esperanza
Hay cosas que se dicen pero que nadie hace.

Por ejemplo: Jesús estaba siempre de buen humor.

IV.

No, decididamente no se escucha tan diminuta vocecita,
Tan mínima, casi, casi inexistente,
Que dice desde los intersticios del piso de madera,
Desde el cemento arrasado por miles de pasos,
Desde una mota de polvo que tal vez sea el sol
De otro universo recluido:
"Oye, todo saber es imaginario".

V.

La condición humana es como un pequeño cocodrilo, Erasmo,
Hay quien lo lleva en su bolsillo y cuidadosamente
Sólo mete la mano cuando es rigurosamente necesario:
Hay quien cree que lo tira lejos

El animalito vuelve más grande el año entrante
Y arrasa los edificios a su paso
Con el imperativo de vengar la ingratitud

Sobre esto:
        Alguno se quedó con la baraja
        De uno u otro lado va a despedirse de sus días
        Con un gruñido bajo

Pero mientras tanto:
        No hay por qué quejarse despierto
        De las miradas que toleramos en sueños
        Aturdidos de jengibre como Amón el Profeta
        Como Amón el Profeta que ya en la edad

Corría desnudo detrás de las langostas
Agradeciéndole al viento los dones de la Zarza

Cuarenta años de desierto y sin bocado
No bastan para matar al pequeño cocodrilo

Incluso:
Si Existe y si lo Ves, Erasmo,
Te pondrás muy nervioso y aunque
No tengas ya bolsillos ni nervios
Revolverás el aire de tu aire buscando cigarrillos

Les imaginations

En el cantero arrasado por el frío resistía

Discutíamos tú y yo
Sobre cosas de nuestro amplio mundo,
Hecho de ventanas
Detrás de las que guardamos padecimientos y alegrías,
Como en un acuario
Que creemos aislado de lo que está
Bullendo, cuando
En todo lo que decimos su magma estalla:
El hombre y la mujer
Son dos razas que en medio de su batalla perpetua
Se intercalan.

Más allá ¿recuerdas? Estábamos en el balcón y explotó en abril
Su desusada melodía.
El grillo viejo desde un cantero lejano bramó su partitura,
En el ya frío abril
Del hemisferio sur era su estar lo desusado, lo inaudito:
Nada tenía que hacer
Su sexual sinfonía, trastorno del verano, en medio de la tarde helada
Que abandonaba en su águila
Ese niño furioso que para siempre representará el deseo.

En el cantero arrasado por el frío resistía,
Como un bulbo tozudo,
Como una semilla insistiendo en procrear,

En ser padre tardío
De diminutas larvas que inundaron el aire
Meses antes,
Cuando la escarcha no nublaba el parabrisas
Del hombre cansado
Que por la calle somnolienta conduce el autobús.
Abajo, en la calle,
Alguien grita que tiene odio, hambre y frío;
Entre los bocinazos
Otro cruza la calle frenético en su automóvil
Y un vendedor recita
Su interesada palinodia. Nosotros ante el grillo
Callamos la vergüenza
De ser casi ya viejos y de no ser padres.
No llegará hasta una hembra
Su violín desastroso: en la humedad del cantero
Le cortarán las cuerdas
Entidades más potentes que su canto ridículo:
La niebla de mayo,
El viento de la calle que sembrará otro junio,
Arrasarán el destiempo
De su amplificado rascar los costados gastados
Por un deseo incesante.
Estúpido animal que cuando un silencio momentáneo
Intercede por su apenas, mínima gracia,
Deja oír en toda la calle su humilde esplendor,
Esa insistencia
De otro tiempo simultáneo que no vemos,
Que no oímos,
A no ser por un grillo u otra cosa eterna y fuera para siempre
De este bien conocido,
Calculado y cotidiano mundo que habitamos.

Ciertamente el tiempo
Es un río
Que a orillas de su canto
Se detiene.

A José Emilio Pacheco.

Ese hermano que envenena los ríos

Ese hermano que envenena los ríos
Abre una ancha brecha
Que le parte la vida.

La mano que asesina los huevos de los peces,
El dedo que ordena que se sequen las raíces del mundo,
Que la fruta se pudra antes de llegar a su boca,
Que en el aire fallezcan las alas de los pájaros,
Y el silencio congele el paisaje de su misma muerte,
Ese hermano que pide
Que los hongos se asomen en lo rubio del trigo,
Y que la noche se abra en el corazón del alto mediodía.

Ese hermano que obliga
A retroceder al tiempo hasta su aborto,
El que invoca calaveras
En medio de la fiesta de su propia carne viva,
No sabe que se suicida en el ave que cae,
No sabe que se muere
Donde declina el tallo
Su alegre columna verde,
Donde el todo de los campos
Se convierte en la nada.

Ese hermano que envenena los ríos

No sabe que envenena también el rojo río
Que lo anima por dentro,
El que desagua en la sangre de sus hijos
Lo empetrola hoy y ahora con su error infinito.

La mano que alzó la orden
De talar el futuro
Derribó cada hora de ese día, mañana,
Donde había gestos y rostros
Que se le parecían
A ese hermano equivocado
Que envenena los ríos.

Los bambúes

Un domingo vacío tú y yo compramos
Los tiestos de bambú: tres flacas cañas
Clavadas como lanzas en una tierra
Nuestra y negra y para ellas extranjera.

Las largas exiliadas seguían en nuestro balcón
Curvándose acompasadamente bajo el viento de la India:
Hubo un simún, una madrugada quieta en Buenos Aires,
Y sólo nuestras cañas comprendieron qué pasaba
Derrumbando chozas y espantando a los engrillados elefantes.

Lejanamente, un arrugado rinoceronte
Bramó en la noche y huyeron por nuestra calle
Aterrorizadas las gacelas.

Al día siguiente, mientras regaba los bambúes
Y acariciaba inclinado sobre ellos
La tierra fofa del trasplante,
Entreví unos ojos amarillos, un cuerpo potente
Detrás de esas flacas cañas y luego el clamor
Desatado por el semáforo de la avenida
Espantó enseguida la pesada presencia:
Vi alejarse bufando y volviendo hacia mí la resentida cabeza
Lo imperial escondido entre las cañas: todo eso y el tigre.

Anoche alguien derribó un árbol que cumplía tres mil años

Anoche alguien derribó un árbol
Que cumplía 3.000 años
Erguido sobre el campo.
En la noche sus astillas ardieron
Calentando a los hombres ateridos
Y en la niebla el resplandor
Indicaba el sitio de su muerte,
El mismo de su larga vida,
El mismo de su corta hoguera.

Ayer su sombra
Se alargaba hasta la casa distante,
Cruzaba el arroyo
Que cuando él brotó
No estaba.
Hoy un pozo
Con colgajos de raíces,
Con fragmentos de ramas y cortezas
Indica dónde floreció
A través de los siglos
Su savia poderosa.

En su copa anidaron
Animales que ya no existen,
Y bajo sus ramas

Estallaron infinitas tormentas.
Sus altos brazos
Surgían de entre las nubes bajas.
Entre sus raíces
Primitivos hombres
Se escondieron de las fieras,
Y luego se ocultaron tesoros,
Cartas de amor,
Objetos robados,
Y alguien talló
Con cortaplumas
Palabras que no se leen.

Anoche alguien derribó un árbol
Que cumplía 3.000 años
Erguido sobre el mundo.

El amor de la albahaca

No es la anónima, la de las grandes plantaciones industriales,
Destinada al secado por toneladas,
La que aflora etiquetada en todos los supermercados de este mundo.
Tampoco la singular, la noble albahaca que ciñó Virgilio
Entre sus labios y enjugó la mano de Horacio entre los álamos.
Es la rastrera, común albahaca salvaje de los campos,
La única y la sola que nos mira siempre verde entre las ruinas,
La que saluda desde hace millones de años
Entre las piedras. Allí, donde seguramente no es querida,
Asoma sus muñones empecinada, con la sola ayuda
De unas gotas de lluvia casual, de a cada tanto:
Un gramo de tierra le basta a la paciencia de la albahaca,
Para amar el rincón entre ladrillos rotos que, parece,
Quieren expulsarla para siempre de su seno.
Persevera sola en su manchón de verde
Entre lo estéril, lo que le niega el sustento
Es aquello que más ama: más quiere agotarla,
Más se empecina; más quiere secarla, más florece.
La indiferencia la abona y riega sus hojas
El desdén. A desplantes crece la pasión
De la sufrida albahaca. Y cuando aquello parece
(Una vez cada año sucede que se ausenta)
Alcanzan cuatro lágrimas celestes
Para que resurja de la nada como antes,
Otro milagro del amor, que no conoce

La muerte, ni el olvido ni el engaño:
Raíz que persiste honda entre cenizas y polvo,
Milagro que florece a solas, prodigio
Sin correspondencia alguna, la albahaca
Es el amor que no se calla ni seca,
Por propia voluntad ni por ajena.

El décimo círculo

Soy dante alighieri
Nunca creí una sola palabra de todas las que escribí
Y crucifiqué por escrito el alma de todos los que me precedieron
Fui mejor que la traición porque entendí que la traición
Es lo único parecido al corazón humano
Y que decirlo rectamente era condenarme a la hoguera y al olvido
Vivo en todas las tonterías que se dijeron de mí
Y ése es el mejor tributo que pudieron y pueden darme
Beatriz era una gorda despreciable
El papa al que defendí un adúltero un criminal y un réprobo
No menos atroz que los nobles que en un bosque de siena
Mandaron tres sicarios a cortarme los dedos
Y entendí siempre cada maquinación como el normal movimiento
De la misma máquina que guiaba mis pasos
Ni bueno ni malo es cada asunto
Pero oh qué difícil es explicarlo
Este será un enredo eterno
Soy dante alighieri
Nunca creí en dios

El róbalo

En el plato que parece pequeño bajo su forma poderosa
El róbalo de ancha escama y enorme boca armada
Todavía muerde el aire que huyó de su último intento
Aunque vencida por las redes de la compañía pesquera
Y traída a la fuerza a este mundo que pensamos
Es más seguro y auténtico que el suyo
La bestia marina sigue acechando al pulpo ocho veces inquieto
En su bosque de corales y sus fuertes músculos
Quieren llevárselo de un rotundo coletazo
Hacia lo negro y profundo de las cordilleras sumergidas
Hacia las islas precipitadas desde la superficie
Hacia las muchas atlántidas que son jardines de algas
Batidos por las corrientes y el paso interminable
De las ballenas que van por el amor hacia lo oscuro
Como un paisaje en lento movimiento
El róbalo en su furia congelada a medias todavía envuelto
En el papel de diario con que lo abrigó el marchante
El róbalo que ayer a mediodía diezmaba a dentelladas
Inmensas columnas de sardinas que se fundían en una
O se dispersaban por el golfo sosteniéndolo
(Parecía) como a un palacio sumergido
La fiera insaciable como un lingote de plata asesinado
Que ya no surfeará las olas con desprecio
Orgullosa del poder de su ancha espalda
Entre las frutas y las botellas de cerveza

Humillada por el hombre que cierra su heladera
Y piensa en otra cosa y rasca su cabeza
Y que es para su dios que brama en las campanas
Lo que el róbalo en el plato.

Drácula

En mi infancia fue Christopher Lee
Y en la de otros Bela Lugosi, un vampiro morfinómano
Que murió pobre, viejo y olvidado,
La suerte que no conoció esa sombra invariable
Que nos sigue mirando desde el hueco de las escaleras
O la habitación terrible al fondo de la casa.
Debe recordarnos que detrás de los que se reflejan
Cada día en los espejos, siempre hay un niño
Que viene tanteando las tinieblas
De un eterno corredor, uno que —él lo sabe—
Termina en la sala de un castillo.
Tiene que ser el otro lado de los mediodías
Para que el mediodía sea la tranquilizadora luz,
Las nítidas certezas, cada jornada una avenida iluminada
Para que veamos venir la muerte si se asoma.
Son suyos los gritos de la calle que no reclama nadie,
Los escalofríos que no tienen un porqué que no avergüence,
Los pasos nocturnos que se oyen cerca y lejos,
Un horrible doble tiempo que marea y que nos toma.
Y en el centro de esa red infinita que le han tejido el tiempo
Y nuestros miedos, —seguro solamente de sí mismo y del infierno—
Sonríe y entre dientes murmura nuestro nombre,
Aquel que es sólo uno y el que llevamos todos:
Vlad Draculea, el príncipe que somos de Valaquia.

Nadie sabe dónde estuvimos

zyklon© valley

hay niños que nacen ya sin cabeza
porque viene la guerra

hay gente intranquila pensando
que puede pasar algo grave
porque viene la guerra

una hippie demente aúlla hasta enronquecer
que hay un caballo de madera repleto de tropas de élite
a las puertas de europa y la hacen callar de un disparo
porque viene la guerra

la guerra con manos de gancho
y pies de alambre de púa
con cabeza de mosca
y alas de murciélago
la guerra que mira fijo
y es alta y larga como una cordillera
frente a tu horror liliputiense

se espera que de un momento a otro
adolf hitler abandone su escondite
se quite el disfraz y se arranque la máscara de goma
para hablarnos cara a cara por todas las cadenas internacionales
porque viene la guerra

hay parejitas apuradas por casarse
comprar la casa y el automóvil
pronto tener hijitos y muy pronto divorciarse
porque viene la guerra

la guerra que reza por la paz
mientras compra y vende acciones
la guerra que se cree santa
y el último recurso tras las buenas intenciones

hay amas de casa que no consiguen
marihuana por ninguna parte
porque viene la guerra

en el museo reina sofía doblaron la guardia
en torno del guernica
porque viene la guerra

en roma se presentó un proyecto
para cubrir de tierra el coliseo el monte palatino
y el redondo y pequeño templo de hércules
porque viene la guerra

hay un renovarse de esperanzas en los rascacielos
donde todos zumban entrando por las ventanas
y frotándose las patitas de alegría
porque viene la guerra

hay un resurgir del nazismo el fascismo y el vampirismo
porque viene la guerra

el honorable congreso de los estados unidos de norteamérica
se reúne en sesión plenaria y permanente
y alguien escribe en su teléfono móvil
"esta noche tampoco me esperes para cenar yenny
no hagas preguntas que no puedo contestar
te amo a ti y a los niños yenny"
pone cara de John Huston y se alivia enviando su mensaje

"no hay dos sin tres"
"no hay dos sin tres"
"no hay dos sin tres"
repiten los que trabajan la huerta en los manicomios
y las enfermeras corren por las píldoras

un mussolini descafeínado se despereza
en cada mujer y hombre de la tierra
porque viene la guerra

los círculos de estetas se preocupan y discuten
la amenaza de un reverdecimiento de la poesía social
porque viene la guerra

hay 20 millones de refugiados
expulsados para siempre de nuestra especie
porque viene la guerra

se promociona un milagroso medicamento
en todo el mundo
en previsión de las futuras epidemias
porque viene la guerra
y luego otro y otro y otro

el escritor mimado por la derecha francesa
predice en su último libro
que no habrá guerra y vende en una tarde
medio millón de ejemplares
porque viene la guerra

hay cuarentones y cincuentones
releyendo con nostalgia a lenin y nostradamus
porque viene la guerra

el ruido de las teclas de esta computadora
ya parece el tableteo de una metralleta
porque viene la guerra

en el vaticano alguien enciende un cigarrillo
y sonríe mirando por la ventana
porque viene la guerra

se fueron hasta las nubes rozando las sandalias de dios
la harina el café el té y la heroína
porque viene la guerra

los académicos se reúnen en urgentes simposios
para discutir la posibilidad del surgimiento
de una literatura de posguerra y cuál será el marco teórico
adecuado si es que queda parado un ladrillo sobre otro
porque viene la guerra

y este poema no continúa ya en ninguna parte
porque viene la guerra

procrastinación

desde mi ventana veo el árbol
colgando empecinadamente del abismo.
él creció como pudo
entre las ruinas del edificio de enfrente
porque cierta noche su semilla confundió
a esta ciudad con una cordillera.
como nuestros deseos
el débil árbol paga las consecuencias.
él siempre temerá la furia
de una tormenta imprevista
el sadismo de la lluvia antojadiza
la ferocidad del viento que no avisa
previamente de su llegada.
sus ya viejas raíces se aferran
sin embargo a la pared vertical
con la potencia de un remordimiento
aunque por prudencia tampoco este año
dará un solo fruto.
ningún pájaro es tan tonto
como para anidar en él:
desde lejos se sabe cuál es el destino
de todos los cabezaduras
que insisten en no caer ni darse por vencidos.
él, casi seco, se alimenta de su propio orgullo
y lo posterga todo para seguir viviendo.

haute couture

no hay profesión peor
que la de los diseñadores de moda.
esos que dictaminan convencidos
si para esta prolongada temporada
el largo de los versos
debe llegar hasta la rodilla
o bajar hasta los tobillos.
sus agrias *mannequins* desfilan luego
por todas las pasarelas disponibles
semejantes a enormes frutillas
—un gran salmón encarnado
trastabillando sobre altísimos zapatos—
o parecidas a ridículas cacerolas vueltas abajo
listas para el prometido aplauso
de la repetida
tediosa novedad.
si el "cómo" debe estar medio desnudo
si corresponde que se vea el "qué".
sus creadores aseguran que de haber sido invitados
homero y t.s. eliot dirían "está bien"
y casi ninguno vacilará en aceptarlo.
en todo asunto el dictado de la moda
es la peor cosa de este mundo.

hormigas

este camino viviente
que atraviesa el jardín
viene de un país
que no es el nuestro.
aunque todo el tiempo
atravesamos la superficie del otro reino
desconocemos sus selvas diminutas
el desolado desierto de una baldosa
la efímera catarata de una canilla abierta
los sucesivos abismos que abre una escalera.
abajo y alrededor de nosotros
otro mundo infinito se derrama.
nos inquieta que ese entrevisto dominio
se asemeje tanto a lo que vemos
desde la ventana de un vigésimo piso.
muy lejos y a nuestros pies
otros asesinatos heroísmos y maldades
tienen sus tiempos y ocupan sus lugares
de un modo que juzgamos mecánico:
el sentido de esos días que transcurren distintos
como mucho es un enigma
que enseguida desdeñamos.
su remoto parentesco nos asusta
cuando observamos a un niño
prestarle su atención más entera:

olvidará al crecer las veces
que fijó los ojos en el otro reino
aquel que como el nuestro
comenzó el mismo día.

pequeñas victorias

una buena noticia llegó hace una hora.
otra todavía no olvidada
repite una y otra vez
su salmo en el contestador.
el hombre que fuma cada tarde
y mira a través de su ventana
se anima a sonreír con disimulo
aunque obscuramente teme
hacerlo con exceso.
en su cielo interno el viejo avión
por el momento ha estabilizado de nuevo
sus alas y aunque casi todas las nubes
siguen en su sitio
por ahora
un hueco existe por donde pasar.
dos novedades muy pequeñas
detuvieron con sus mínimas fuerzas
a los hermanos fatídicos:
el temor, la angustia y el remordimiento
cerraron sus bocas rencorosas.
"que solo entre ellos peleen por ahora"
piensa el hombre que fuma cada tarde
y mira a través de su ventana
como si el futuro estuviese a punto
de pasar caminando por la calle
y él pudiera saludarlo.

ÍNDICE

LUIS BENÍTEZ

The Whole Life
An Anthology

About the author

Luis Benítez was born in Buenos Aires on November 10, 1956. His 45 books of poetry, essays and narrative have been published in Argentina, Chile, France, Italy, Mexico, Romania, Spain, Sweden, United Kingdom, USA, Venezuela and Uruguay.

Awards received

International Poetry Prize La Porte des Poètes. *Paris, France, 1991.*

Second Prize at the Argentine Poetry Biennial. *Buenos Aires, Argentina, 1992.*

First Prize for Young Literature (Poetry) from the Amalia Lacroze de Fortabat Foundation. *Buenos Aires, Argentina, 1996.*

First Prize at the International Fiction Competition. *Montevideo, Uruguay, 1996.*

Primo Premio Tuscolorum di Poesia. *Sicily, Italy, 1996.*

First Prize Letras de Oro. *Buenos Aires, Argentina, 2003.*

Accesit 10éme. Concours International de Poésie. *Paris, France, 2003.*

First International Prize for Published Work "Macedonio Palomino". *Aguascalientes, Mexico, 2007.*

Third Prize "Ricardo Rojas". *Buenos Aires, Argentina, 2022.*

International Best Poets & Translators Prize. *Chongqing, China, 2024.*

Poetic work published in Argentina

Poemas de la Tierra y la Memoria (Poems of the Earth and Memory). Stephen and Bloom Press, Buenos Aires, 1980.

Mitologías/La Balada de la Mujer Perdida (Mythologies/The Ballad of the Lost Woman). Último Reino Press, Buenos Aires, 1983.

Behering y otros poemas (Behering and other poems). Filofalsía Press, Buenos Aires, 1985.

Guerras, Epitafios y Conversaciones (Wars, Epitaphs and Conversations) Satura Press, Buenos Aires,1989.

Fractal. Correo Latino Press, Buenos Aires, 1992.

Itinerarios: Antología (Itineraries: Anthology) (selection and preliminary essay by Alejandro Elissagaray), Nueva Generación Press, Buenos Aires, 2001.

El venenero y otros poemas (The poisoner and other poems). Nueva Generación Press, Buenos Aires, 2005.

Luis Benítez: Breve Antología Poética (Luis Benítez: Short Poetic Anthology) (selection and preliminary essay by Elizabeth Auster), Juglaría Press, Rosario, 2008.

Manhattan Song. Cinco poemas occidentales (Manhattan Song. Five Western Poems). Buenos Aires Poetry Press, Buenos Aires, 2014.

La Tarde del Elefante y Otros Poemas (The afternoon of the elephant and other poems)). Buenos Aires Poetry Press, Buenos Aires, 2014.

La Tierra Permanece (The Earth Remains). Buena Vista Press, Córdoba, 2018.

Complete Poems 1980-2006. (e-book, English translation by B. Allocati. Foreword by Neil Leadbeater). La Esquina de los Vientos Press, Buenos Aires, 2018.

Nadie sabe dónde estuvimos (Nobody knows where we were). Palabrava Press, Santa Fe, 2021.

Poetic work published abroad

Behering y otros poemas (Behering and other poems). Cuadernos del Zopilote Press, Mexico City, Mexico, 1993.

El Pasado y las Vísperas (The Past and the Vespers). Universidad de los Andes Press, Mérida, Venezuela, 1995.

Selected Poems (poetic anthology, bilingual edition, selection and translation into English by Verónica Miranda). Luz Bilingual Publishing, Inc.,

Los Angeles, USA 1996).

La Yegua de la Noche (The Mare of the Night). Del Castillo Press, Santiago de Chile, Chile, 2001.

Antología poética (Poetic anthology) (e-book, introduction, selection and notes by Alejandro Elissagaray), Wordtheque Press, Bologna, Italy, 2005.

Collected Poems (e-book, introduction, selection and notes by Elizabeth Auster), La Sombra del Membrillo Press, Madrid, Spain, 2006.

Luis Benítez: Breve Antología Poética (Luis Benítez: Short Poetic Anthology) (e-book, selection and preliminary essay by Elizabeth Auster), Itakkus Press, Jaen, Spain, 2008.

La Tarde del Elefante y Otros Poemas (The afternoon of the elephant and other poems). Ala de Cuervo Press, Caracas, Venezuela, 2006.

La Tarde del Elefante y Otros Poemas (The afternoon of the elephant and other poems). Azafrán y Cinabrio Press, Aguascalientes, Mexico, 2008.

Poemas Completos (Complete Poems) (e-book, 3 volumes, introductory essay by Luis González Platón, from the University of Madrid). Publicatuslibros. com, Jaen, Spain, 2010.

A Heron in Buenos Aires. Selected Poems (poetic anthology compiled and translated into English by the American poet Cooper Renner. Epilogue essay by Carmen Vasco Fernández Moreno). Ed. Ravenna Press, Seattle, USA, 2011.

Bering och Andra Dikter (Behering and other poems) (Swedish translation by Maria Nääs), Siesta Förlag, Malmö, Sweden, 2012.

La Sera dell'Elefante e Altre Poesie (The afternoon of the elephant and other poems) (Italian translation by Emilio Coco), Sentieri Meridiani Edizioni, Foggia, Italy, 2012.

Manhattan Song. Cinci poeme occidentale (Manhattan Song. Five Western Poems) (Romanian translation by Flavia Cosma) Ars Longa Editura, Iasi, Romania, 2013.

Les imaginations (Imaginations) (French translation by Jean Dif), Éditions L'Harmattan, Paris, France, 2013.

Luis Benítez: A short poetic anthology (introduction, selection and notes by Elizabeth Auster, English translation by Beatriz Allocati). The Littoral Press, Suffolk, United Kingdom, 2013.

Luis Benítez: Breve Anthologie Poétique (Luis Benítez: Short poetic anthology) (introduction, selection and notes by Elizabeth Auster, French translation by Jean Dif), Éditions La Résonance, Pau, France, 2014.

Las Palabras y los Días (Words and Days) (e-book anthology, published in Italy in the original Spanish version. Raffaelli Editore Press, Rímini, Italy, 2015.

Poemul de Fier (The Iron Poem) (anthology, Romanian translation by Diana Dragomirescu). Bibliotheca Universalis Press, Bucarest, Romania, 2015.

Lascia che parli Ezra Pound / Deja que hable Ezra Pound (Let Ezra Pound Speak) (bilingual anthology, Italian-Spanish, selected by Mario Meléndez, translated into Italian by Gianni Darconza), Raffaelli Editore Press, Rímini, Italy, 2016.

The afternoon of the elephant and other poems (English translation by Beatriz Allocati), Katakana Editores, Miami, USA, 2020.

Una gran guerra habita las cosas. Lo mejor de Luis Benítez (A great war inhabits things. The best of Luis Benítez) (poetic anthology, selection and prologue by Gabriela Guerra Rey, master's student in Latin American Literature at the National Autonomous University of Mexico —UNAM), Aquitania Siglo XXI Press, Mexico City, Mexico, 2022.

La vida entera. Una antología (The whole life. An anthology) Pro Latina Press, New York, USA, 2023.

Published works about Luis Benítez

Sobre las poesías de Luis Benítez (On the poems of Luis Benítez) (essay by Carlos Elliff, Metáfora Press, Buenos Aires, 1991).

Conversaciones con el poeta Luis Benítez (Conversations with the poet Luis Benítez) (by Alejandro Elissagaray and Pamela Nader, Nueva Generación Press, Buenos Aires, Volume I, 1995; Volume II, 1997).

La Poesía es como el Aroma. Poética de Luis Benítez (Poetry is like Aroma. Poetics of Luis Benítez) (essay by Camilo Fernández Cozman, Ph.D., member of the Peruvian Academy of Language, Nueva Generación Press, Buenos Aires, 2009).

La novelística de Luis Benítez. Aproximaciones críticas a la historiografía, la mitología y la masculinidad patriarcal (Luis Benítez's Novels. Critical Approaches to Historiography, Mythology, and Patriarchal Masculinity) (essay by Assen Kokalov, Ph.D., Purdue University, Indiana, with a prologue by David William Foster, Ph.D., Arizona State University. Nueva Generación Press, Buenos Aires, 2015).

Luis Benítez, una poética de la indagación (Luis Benítez, a poetics of inquiry) (essay by Osvaldo Gallone, Fundación Victoria Ocampo Press, Buenos Aires, 2024).

Luis Benítez. Historia Nacional (Luis Benítez. National History) (essay by Juan Sebastián Rodríguez Maza, El Arte de Leer Ediciones, Mendoza, Argentina, 2024).

1980

Poems of land and memory

English versions by Beatriz Olga Allocati

Life and spectres

Those papers tinged by your tread went along
like the drivel of snails
do not remember your name:
they are devices of imagination,
voices lost in the outcry of time.
Their absurd scales and pulleys
go up and weigh fainting landscapes,
objects to be some time by your grave.
The spectres I was peer behind words
the stir of life, more copious than time,
for I was a spectre and spectres are things
and men. Life, that secret foe,
wields its picks and spades, demolishes voices
and tongues rest empty in front of its face.
In front of its face, that doesn't see, or hear or talks to man.

Without a light or voice to summon me

I was haunting the spaces of dream
without a body or self, swollen with air and music
I floated, I was a furious balloon in the dark.
Without a light or a voice to summon me,
free from God and myself,
I was the man.
Dante and Shakespeare and Ibsen and Malraux:
what penalty would they give to skyscrapers?
what hell is there worse than the underground train?
what storm is greater than any day?
How dead they are.
What gravestones carved of Octobers and Januaries,
my brothers and friends,
my only venerable family.
I am only an orphan without back or front
who does not cling anywhere
and has a nowhere bed and table set.
That one, he who will build a cabin in the Waste Land.

Should I flee or stay?

Should I flee to the house of silence,
smiling with motionless eyes, always nodding,
or stay to receive the gestures of strangers
on my chest, ignoring their swords under the gestures?
Should I flee or stay with my hand stretched offering them the fruit,
watching their foreign glances, their ship's motionless sail
in the bay of my life, trading words with them without fear of pirates?
Or escape up the steep slope of my destiny and safe from the ridiculous
                                                                    [grin
contemplate myself, hide the sight of my days in secret chests,
sealed to deceit? Should I flee or stay homeless,
exposed to the inquisitive finger and the cunning eye, forced by fear
to engrave my history on sand labs?

——————— 1 9 8 3 ———————

Mythologies

The ballad of
the lost woman

English versions by Beatriz Olga Allocati

Dead language

It isn't like this one I write in.
It's not the ripe fruit of concept and the abstract,
but the young sap, calm long ago
of a world of images: the songstress of dream.
The dream that long ago enclosed the steps,
the works and the lips. Maybe
we did not wake up, just switched dreams.
But it has remained, calm and secret,
like an ancient flower in the book, in history
and in the blurry remembrances of lost words.
Today I recall that state of things of the world
where the baptism of everything shone in images,
I fancy to ask of it
what *mortal* expressed
and with what sounds it translated *universe*.
But dream's creatures never answer
if not in its own language
and all of it is the dream.

Fears

Ah the terrors that visit us by night
that do not hide from daytime
those not inspired by anything large
none unknown continent trodden just on the border
nor a loyal foe
openly sought on a rampart
nor the amazing eclipse that leaves midday in darkness
nor a terrible Lord of Armies
in deserts burnt by the sun of adventurous peoples
ah the fears the little fears of little men
not the fears that were in their manner the credit of an animal
naked in the enormous expanse of things that had
no name
not of being alone and standing
between an immense field and an immense sky
not of the shadow decorated by phosphorescent eyes
of death by night
between the teeth of the most beautiful animal on earth
a man's death
not of the fall propitiated by thunderbolt
of torrent of avalanche of fire of the earth
or of the other fire promised beneath the earth
ah the fears not created
by a terrible god out of the forest
nor a medieval relative with his retinue of witches and fetuses

nor the cold sweat face to face sword against sword
arrow against winchester dart against spear
death has shifted the words
it isn't the certainty of a burning rain
or the forecast that an insect carries amidst roots
finally also a good cause like the ancient plague
ah the fears you know
and that are mine exactly those
do not hide under the bed
do not need the cracking of wood the howl of nothing
 haunt our dreams with faces and notes
they sleep and walk with us
drink feed always return.

The urus

From back in time an animal is watching me:
it knows what I write because before me
it has already been a name. It is the urus.
Fantasizes he who takes him for a bull
Sometimes it is a bird, a river, the wind
and at times, something leaving huge blood stains
in the boughs and a footstep
going away, solid, invisible.
It is not injured by the axe or the stone
of an archaic Europe not yet dreaming
of forging metals and History.
It is the urus. Sometimes a man
running away from himself.
A thinking animal longing to return to the woods
of eternal present, to haughty passions,
wrath, fury and violent death
of domination and zeal.
It is the urus. In its reddish eyes
there is something execrable.
We are terrified of his return and
Dionysus' with his retinue of fauns
and terror and night demolishing cities,
sinking us in the fire of hungry gods
demanding the earth, the light, the air.
Imaginations.

It is the urus. At the boundary of cities
all of this fits between his horns.
There where it remembers, one by one,
the treasons of man.
It does not ponder revenge, nor does it plan
to emerge from the night accomplice for retaliation
with its two daggers, if the terror
of returning were not enough to kill a man.
You cannot kill the dead. "I'm the urus.
Zeus took my shape to rape Europe.
Immutable, along the rolling of seasons
I have seen Phoenicians, Parthians, Greeks go by.
Time is only one day. I killed an immortal being
by the aurora and in Sumeria and at noon
Plinius the Old described me enraptured.
Carthago lasted for an hour: Rome, maybe two.
The Luther boy feared me; I was already a legend.
A seventeenth century courtisan thought he extinguished me:
the soil over him hides his race,
his wife, his palace. That is the man:
dust swallowed by hills.
I am the urus, what is real. He is imaginary".

Childhood of the marvelous one

And there you were, alive,
you came from the burning countries that no one remembers
but at the last minute, at the beginning of time you were
between blood and light like a weeping pearl among roots,
there you were after the long agony between two breaths,
after the long tunnel and the dream where you were one Humanity,
do you remember? One minute before it was the streets in Ur,
the blurry pre-history, the cycle from sap to blood,
the naked innocence of a mingled universe where everything coexisted;
do you remember? o yes tell me you remember it long and sparkling
love of mine,
tell me you remember your face on a lake dried centuries ago,
that you recall the bleeding image of the uterus' inside
where the entire history hurried about the walls
and tell me you remember somebody who loved you
and who was not I and who was a Phoenitian, a Tyrian,
a man from faraway ages and your dress
torn in the king's chamber .
I'll talk about the time when I've recognized you,
as you recognized fire, that restless mate
warming your hands, burning your fingers.
You were two years old, do you remember? Tell me you remember,
a burdensome secret can be broken to pieces by just that forgetfulness,
tell me you remember giant men and women
and huge walls and so I'll know it's true:
at that time, then, time danced

and you ran as we all ran after elves and fairies
swallowed by a slow motion towards us,
towards these hands and faces insulting the mirror.
Have you got your dolls in your mind? Do you remember the black girl
you hated and the threadbare blonde you saw,
because you saw it cry on your lap, didn't you?
And the little animals, those mythical and the others,
fashioning the retinue of a lone girl.
You remember fear, that old messenger
you remember the shadows in a room corner,
the hideous lamp that made you cry.
There out of fear your laugh arose, the one that only I can see,
that infinite gesture that erases the death of ages,
that revenge of man on the dust to be.
And there you were still alive over a billion dead,
over all the dead and nothing stopped the struggling of bones
the advancing of the body among bodies, the rushing
mind ran to the light, amidst chasms and shadows
and amidst bloods and oblivion of what you were yesterday, you came,
yes, you came through your space, your shape, your substance,
you were a universe on a trip through the universe.
But where did that countenance come from for me to worry about
wherefrom that smell ignoring itself, since
what subtle then have I already known you.
Do you remember a classroom where you were yet silent and a pilgrim
among papers and baskets and maps?
Today half of those children are ghosts
wandering about the world,
they don't remember you and nonetheless I envy
their useless privilege:
having seen your eight years in bloom
when the world's innocent outline was happy.
Do you remember? Do you remember the giraffe on a rainy Sunday

you holding your father's hand? Well, I envy
that high animal, always smiling,
because it saw you one afternoon, a long time ago.
Love is bountiful: it gives us the irreparable
and one doesn't return to that never more where we lived so long,
though why not enjoy the fruit of memory.
Everything is assumable and I assume that stained,
high architecture, from its unlimited time
is the same that saw what you will never strive to show me:
that first soul that still then
spoke to all the animals and the centre of things.
But where did that countenance come from to call me
from a time already gone that not even remembers
though never forgets.
But from where, where?
The objects, keys, copybooks, birds, insects,
the clouds in the sky that existed , the landscapes
where houses have been wrecked and the dead withdrawn
the nights and days along which you have walked by yourself,
return in every midnight, in every midday
let's go and weep on those sights
let's go and shout on those sights and on the same weeping
we don't recognize: a man, a woman
who have been lost are one more victory
of a closed circle, the shadow on the light
draws its hazardous cone, we have both lost
this infinite war. We have both lost the most precious:
to a stranger.
I've imagined your childhood.
I've been brave.

1985

Behering
and other poems

English versions by Beatriz Olga Allocati

Behering

In every one of them, a man was many.
They were even more. They brought the weapons' industry
and the red reindeer like a waving forest
and behind, the wolf, already aged in a morning,
would be the dog of bonfire and leftovers,
the white servant.
He was many, not one man.
Vague their names
referred to wind and totems,
to a fact that happened during a birth,
the thawing that drowned,
or the fleeting meteor that burnt in the tundra
or the audacious girl who saved her son
from the whale's brutal rage in open sea.
Their gods were the salmon
which returns every year just like the year
and goes to the sea and the brown bear,
a bellowing mountain
knocked down by the spear
and the heavy bison and the striped tiger
that remained in Siberia
and that the Navajo blanket recalls:
foreigners, they would be America,
the multiple figure Balboa did not know
and Pizarro abandoned to a Franciscan's imagination.

Made of bone, not of wood and night
their gods would be nor of the stone
that peoples cut on a supposed land,
in the mist of their migrations.
They were as cruel and ancient as Asia;
they would found empires in the aurora and Mexico,
kingdoms in Bolivia, fortresses
where an unmistakable sign would show
these gods' will:
an eagle snatching the snake in the air,
a unique tree, like a memory
of the frozen plains and the White Sea,
that only evoked old dying men
and the Dream, which is eternal.
They would build Tenochtitlán, the Cuzco
and the silent enigma, Tiahuanaco,
on Easter island, grave countenances
still contemplating their great itinerary;
others, however, would return
to the heart of forests and oblivion,
like the dead to the past,
to the country of cradle and graves.
Yet tomorrow was still to come,
new foreigners would raise
railways, streets, buildings,
calendars ruled by the sun and not by the moon,
having come from other Beherings and other dates,
into our transparent cities, O naïve lands,
we will always be twofold:
one only and many, men from nowhere.

Naïve

She believed that mirrors reflected her
that she was those fingers probing
the slow mutations on her face
that she was her pullover her shoes
what she remembered and the forgotten
that she was a garland behind her
that she was her head
that she was her friends her labors
a man on a street corner. A morning.
The houses she lived in, her four neighborhoods
that she was those she was behind the blurry gate of dreams
handing her the family name
and the history of an uncertain country
hunger thirst
or what she loved.

Joy and fall

First harmony there I saw you, it wasn't necessary
to look about parts of your entire kingdom but there I saw you
and I didn't want to pause by your side, your side
that is in simple things full for your rippling shadow.
How delicately, light in light, core of the day,
you become corporeal or choose a candid form when you lend us
your eyes
and like an eternal love takes us by the hand
towards your creatures, there where you are indeed,
in liveliness, the infinite dance,
the very complaint of what exists.
All high serenity is your vase and each one
declares a new colour as yours. It's April
of a year that doesn't count for you and however
a sweet warmth led you here by my side. I was but
a certainty this morning and the foam of sleep
the sides of the day faded over me.
Enough to ask, ran to your contagion,
for a breath on the cinders that dusted things
lighted a world of carbuncles again,
amethysts in the air ... the many features
of your bright glass windows, where do they come from?
from what deep abyss or public exposed abyss,
from what other time hardly visited,
hardly observed in the fire of fire?

There is no worse fasting than that of you.

So then, singing

Your voice crosses the dream circles,
as if an ancient god closed your mouth,
after what other songs
without a wake in what waters?
It's daytime in your dream beneath a different sun,
sleepless both at the bank and the center.
O, do not awaken the chosen one
in the deep throats of things,
let no one, walking across the room,
jump into the dream
to fall on its footsteps on which roads;
let no one, neither the sounds nor my hand,
existing where time exists,
add their keys to the riddle;
you do not sing, you are the one being sung to.
In the burning morning of closed eyes,
it listens to the murmurs, the mineral veins,
caresses the shadows, claims another stature,
brings it to men.

Of the so many things it cannot

Of the so many things word cannot
surely convey
the first impossible one is the scent
so wonted and accurate of things.

Poetry is also like scent.

So there remain without a name
the definite scent of rain
and the ephimerous shade being breathed
when peeping in the darkness of a well,
the scent of the first sea, at the age of six,
the frightening fragrance of cloudy skies,
and the smell of food at a house
that was beloved to us.
Memory may perhaps be
only a sight of forgotten scents,
like this paper from where I call
the ardent presence of a few burnt leaves
and the key to the rose's enigma;
the smell of bloods
that I didn't see shedding,
the incense scent and that of camphor,
a glittering scent;
that of young women in public baths,

that of coins, leaving the hand
and returning, that of Pinzón's land
an October morning, that of cats,
the miraculous smell of simple things,
those hardly understood
to emanate the mighty night,
that of a river flowing afar
that I recall for no reason,
that of the word *marsh*, that of *manger*,
of those of this morning
who departed to a country without where,
that of a girl who left,
on the 2nd. of november 1982,
for my words to request
the perfume of a few verses
and the date and the ballad remained with me,
that of the whales coloring
foam of oil and size,
that of a man who spoke about the day's origin,
that of the so many things
I could not approach and are awaiting me.
They are one more world on this world,
I see the wood and amidst the wood
the forest of aromae.
I withdraw from men and things
like a savage walking to the cities
and saying goodby to his world of scents;
they also come back to me
as beautiful and heavy as a remorse.
They will be my memory from these verses,
they will remain in the world
when I am dead.

Lao-Tse prepares a verdict

Nothing of what I may say
can deviate the fall of a leaf.
A word will not
stop the other one.
It's useless for me to entrust
a truth to these listeners:
they will tear it to pieces.
From its pieces Lao-Tsé will be born.

Where memory remains

Where memory remains,
that happy, pregnant noon or gloomy government,
yet dances the first morning of the world,
there are prints of rough wheels
on a plain now held by the mountains,
a miracle that amazes and warms and calms down.
A libellula amorously knitting the air
rebuilds the invisible history;
as in your eyes, the initial wings
glitter in the air of a first yesterday,
with experiments of fish and essays of snakes,
with projected tigers that would then roar, so real,
in the night. And not even an eye,
not even an eye, not even yours,
to see the flight of reptiles
in the green marshes
with their membranous hope
and its green scales,
nor to the first tenants
of the marine hospice in the depth.
Nothing: neither the sign of a hand's trace
in the wet rocks at the border
nor the foot sole in the mud
where musical bushes grew.
Mud and sky and water

and the natural simple breathing of things:
the novelty of barks torn off by the wind
took the whole evening by itself.
Among the maples, the cold that was young
in the world, went by naked,
without knowing it was like this one, slow, in November.
The infinite space of the valleys
where the whole moon could commit suicide,
herons and clouds going up the marsh
and the last cry of a heavy animal
dying in the high and thick of the forest, night of noon,
and was reborn without knowing among the low thickets.
The thick alligators like living buildings in a nightmare,
O the daily miracle of those massive shapes
that lifted their childish eyes to the vault
looking for the explanation to the dream,
O the early progress of the thousand traces under the stones,
just as the twilight revived the scolopendra of mortal mouth
and the mosquitoes gave their living alphabet
to the white orchids,
ah the caress of the carp hunting under the surface
and the waylaying of the tiger-fish on the mangrove trees;
beautiful and gloomy under the boiling water of noon
the seaweeds hid a yet rotten calf dead by dawn.
And the ant of enormous strength bent
the rattan for its hanging nest
and furiously two inflamed creations
confronted under a flat stone.
And the night, the night where all emerged from
ran its ships and constellations
for the passing of the beautiful murderers of the paw,
errant and invisible about the low plateau.
What we would be wandered yet without a place

like an intelligent fume over the world.
And a leap, a scream of lips tinged by the weeds,
a stained sentence forever kissing a neck
displayed the morning again.

The flags

Every thing has its flag,
the one floating up above,
to invisible winds passing by;
life passes, death passes, the thing passes
and the flag remains torn, threadbare,
still making its fringes fly.
To the passing of invisible winds,
on the way to open nothingness,
as nothingness whispers,
as winds pass.

Wars, epitaphs and conversations

English versions by Beatriz Olga Allocati

The iron poem

Give me an iron poem crackling over the empty heads
and a steady hand in the torch notch,
a poem of blood and impatient bones
and the pen of flesh signing sentences
in the guilty minds of mad riders;
that turns cowards into salt, a rusty
stern iron poem kicking in the pond at midnight,
when not even the dead dream of dawn.
A hammer of words to leave the world with empty basins,
an enraged gesture a stone lit in the mouth of those sleeping
while water ascends in the Great Spheric Quarter;
a punch on the kneeling girl's sex,
idiotic, patient humanity,
that doesn't see, that doesn't hear,
only talks to the ashes of its dead gods.

To deprive death of its arrogance

An absolute love, for which no first
or last one exists, pounds on the world:
within the humblest and the most arrogant
man's song sings.
Beneath the empty and intermediate masks
an absolute love, for which no first
or last one exists, echoes in hiding,
beyond the shouting
and the tight melody of despair.
Even beyond.   It's the intimate and living axis
the one that sings, the one that whispers words
as a sonorous talisman,
a stone blow on the forehead
of the crumbled worlds.
An absolute love,
for which no first
or last one exists,
enlivens these silences,
these fictions that I only try
to deprive death of its arrogance.

The pearl fisherman

This evening and part of the night
I plunged into the dense sea again
where we beings and things float.
I descended for pearls to show to men
who fear even the risk of the bank.
This evening and part of the night
I was amidst that silence, in that deepness
where the most infinite pleasure would be to dissolve
and I knew that on all roads
there are monsters for those who fear them.
Swimming I arrived where there is no love or hatred,
you simply float on an eternal present
and everything you regard is your contemporary:
nothing else is carried by the waves from there.
I took this pearl and now offer it to you.
But when I wanted to return,
I saw no man on the bank.
I didn't see the bank. All is sea.
Those who fear the bank do
not know they walk the sea.

After the words

And now I send you back, I exhale you:
amidst opposite worlds you will always be lost.
Doubly exiled, creature of dream,
between here and there, where you stand.
You will be my orphan in a world of emblems
and the sword, the hook and the cold guffaw will chase you:
only you will know where Ithaca is.
You'll be my orphan in a world of emblems
but you'll know what masts bear those tears:
conversations, telephones and faces will be your gibe,
two days your executioners, but just one word will make you cry.
We'll never meet again and will always see each other:
just this irony will make everything exist and be contemplated.
But you'll be holy. Ithaca does not forget what it throws into the sea.
You'll know that in every thing and man there is a portion of your island.
You'll look out to it to see you naked, lonely, filled with your soul, intact.
Your island will be any thing: a fragment of a singular bread,
the unusual confirmation of this serious news.
Your island will be any man. But it'll almost always be
a closed door. Ithaca does not forget what it throws into the sea.
And you'll know that Ithaca does not exist and that the sea does not exist.
The two sides of a coin will fall on your hand.
You'll be holy and some day (only I have your Word)
Some day all will be fullness.

Ithaca will flood the sea.

Fractal

English versions by Beatriz Olga Allocati

Rimbaud's eyes

Blue, barbaric. Today soft trills
sing for you and in the literary workshop
the voice of the parrot gets thinner: moved
it sweetens the Great Glances, his confectioner's lesson.
On this side we pray for you kneeling before a wolf:
for the fair science is a room looking onto darkness
and man, that successful inconstant,
is but a few steps that come in there and go.
Today when teachers of letters have forgotten everything
the convicts know about you
and the tramp who, at the risk of being smashed by cars,
halts the metaphor of this tread to pick up the miracle
of a leaf, far from any understanding,
today when the lift-men scarcely
rise above the others,
today when this mad substance appears smothered and defeated,
as it always was, as it always will be,
floating on the waters of numbers;
today when casinos have taken root in your virgin forests
and disco music sounds in all thundering Africas,
today when on 88th street and Broadway a horrid so-and-so walks you
printed on her T-shirt, smiling at all the American Glory,
today when you, hard bound in leather and with golden letters,
are exhibited by dentists in their hollow libraries
and the swift drug-dealers honour you in their way, distributing poison

along the streets of the world,
today when walls fall and all posterities collapse,
today when History that old foe,
laughs at us saying it doesn't exist,
as in your time the Devil repeated;
today when the soft muscles of the congressmen
can throw in the sea thousands of sturdy foreigners if they want,
today when shy democracy has proven more effective than kings,
today when finally we are all good
and the pink, black, yellow and copper coloured
banquet of life raises its radiant cup, beyond
the charitable groups attempting the sonnet,
through the bookshelves swept by dust and secretaries,
without typewriting or voice or hope or reason,
geographies go across two thick powerful lights
circling the Earth. Not for symbol but for glance
you are like the plastic god which the scared one hangs from the wall
so that those Eyes follow him around the house. For us
the minimal ones, for us the few, for us the weak,
who only want to stand idle, your eyelids are
always open, disdainful brother,
Jesus Christ the Terrible,
today when it's shameful to be hungry
your wild lanterns keep on looking at the same thing.

Minim for the death of a little black beetle

Also the cat heard that minute agony
exasperating amidst plants: a light incident
made ever thinner till the sound of naught,
the note of nothingness again drawn
by a musical god on his great score.
Can I also, my friends,
be the last country poet,
even for a moment to contemplate
the swift basting that with an insect's soul on the back
goes away without touching the smallest of leaves?
Oh not to have a sharp verse
so very fine a javelin
to throw over that instant
slipping between the cat and the shoes
its invisible seas, to leave it stuck there,
even softer on the harsh ground
open and already calmed and bleeding
like the first deer dead in the world's morning.

I see the night soldiers

I slept, dreamt or died,
behind the wall I heard the infinite's mouse screetching:
a world of feathers that suddenly started flying
would not cross lighter on those borrowed minutes' beams
that today link the room to time through the windows;
and they, the night soldiers, the old poets and some
have not forgotten to sleep, to dream or die,
a sorcerer love for those instants when they played dice
with mirages containing a prairie has preserved for them,
behind the stern face, the bitter gesture with which they ambush their
fate:
thirty years ago this spent man drove his heart
to the furnace where almost all of the others burn;
forty years ago he was tempted by his own smile,
a curved finger over the telephone turned the wheel
shutting the trap. Fifty years ago
these teeth decayed by the night ignored
the bad breath of lie in its lair or, burning, refused
to await the eve of a propitious knife
on the back of others, preceding recruits of night.
Sixty years ago this insomnia ignored the frozen,
repeated hand twisting the chicken's neck with the infarct,
penultimate resource of the conscience of stubborn mistake
that reappears at 3 on the dot in the morning.
Night soldier so long, long ago,

you were not yet you, you were the quill and the paper,
the old tradition of the day's smile.
It never declines, never ceases, the tenth circle
closing the alleviation of hell:
the gods you betray neither exist nor forgive.

The sea of the ancient

Never will the sea of the ancient return
to gather the shores created by its waves.
One year wide, a life long,
it sank in the deep mouthful of the bottom.
With it the crews of Erik the Violent
and the peaceful sail of another thief, a Phoenician,
rounded that soft horizon forever
and beneath the chasm that swallowed them all
as a book is shut.
Neither the frowning pirate who was once
tallness and tan and shadow,
nor the trader suffocated beneath a three-cornered hat and titles,
had the power to detain
those other waves that are called hours;
not even the multiple drowned one, that without a name,
can put his head out now
for his courageous persevering
beneath the moon, in loneliness.
Ah, sea of Aeneas and Ulysses
you were not this one and were
the dolphin's cradle and the spices
and the road of gold and always the Other.
How Portuguese and Spanish they were
when they were those who were at sea.
And the reed of that other history, the unknown,

that opened into it coming down the rivers
like a bough armed with an astrolabe,
with yellow men under the tight silk
keeping their secrets, their road and their signs!
Amidst the flying fish I see
the Roman trirreme riding
and the Greek vessel coming out of danger;
all of these ambitions seeking the Hesperides
stranded in the reef of the minute.
And the Mermaid, the heathenism on board
covered with scales and placed outside,
and officer Leviathan of the Old Testament,
condensed in the white whale
that, in the eighteen hundreds, still cut through
the beloved unforgettable sea of the ancient.

A fruit on the grass

farther on the large political world of language
here the wide quietness of things
at the bottom of the ocean where it lives
how can it be deemed otherwise
in this art exalting
if the first who took the chisel gathered in words
the brightness of the humble color
the traces of that seen
the wide quiet serenity of things
a half is night the other half is deceit
feeling it is watching the world move
thin as an abyss
between time's blades
and neither reading is enough nor watching suffices
it is so beautiful that its body thinks
there the poet is the soil worm
makes the orchard from the fruit
as in the plum it sees the plum-tree's shadow

Let Ezra Pound speak

If you have nothing to say keep silent
let Ezra Pound speak
from the shadows the splendid old man
from the subtle watermark
the magnificent old man
shows you the genuine banknotes of his fortune
and all shine legitimate fish
of an infinite river which indeed
that one never stops.
If you have nothing to say keep silent
the eminent gentleman the variegated ladies
who lived and died and were born for this only cause
cannot allow by their side
the stuttering of a dwarf
the limping of a counterfeiter
denouncing that the gold of their verbs
lacks that thin watermark
that savage finesse the impeccable spot
not adorning the head of a written animal
-which goes through the paper only for an instant-
but comes out of the bottomless animal
of the live viscera where royal blood runs
-that one where the red of the crimson comes from-
and throbs outside like a monster of light
like an image without other chapel than every thing

of every universe possible or impossible
which could indeed be adored
standing and without veils without altars or anything
-not even acolytes-
by the name of our lady of verbs
hallowed by manure and nerves
by eclipses and novas O you
high and low sublime malicious
poetry reigning over the extended night
and the narrow day.

She breathes the shadow

Briefly, she breathes the shadow:
she knows that which it is not but ignores who it is,
in the probable night and the following day,
that third sea haunting and wrecking her.
She drinks the shadow, she keeps on drinking it
like Alice's liquor from the first crawl;
the shadow made her grown up and be scared,
time will make her smaller.
She has crossed over gestures and names
and has been the offender and the offended,
the soil giving pain and the sky contemplating, uninhabited,
the second of glory, that the animal or the mind
offer us every now and then: there are years that last
but that second. She drinks the shadow.
She forgets she is going to die and escapes the mirror's hatred,
I contemplate her, intact, in me, as she dreams herself.
Enclosed in my memory, she goes through the air
when she feels like it, to comb her hair
or to look at another man. When she goes, she leaves nothingness.
She has never been faithful to me, nor has her ghost.
Defeated, like everyone, she has defeated me:
I will never see her famous body,
her phosphorescent walk, the tide of her shadow escapes.
She drinks it and takes it away, on the floor she leaves the night
that I shake to seek her. And her shadow does not drop.

It's for me the populated metaphor that comforts and saves,
and the horror of the innumerable countenance, where she smiles afar.
Invulnerable and alone, she drinks her shadow.

Sextus Gramaticus is a high relief forgotten in Tuscany

The open mouth keeps on spinning
the metaphor beyond the point
where the Fate has cut the thread;
no, as he argued in Illiria,
was comparable to the Circus where carts shine
seven, at the most, brief rounds,
before returning to the shadow where a striped animal roars.
In and out of the wall where he dreams
of planets and slaves rake the sand
or grind something in the slow machinery of shifts:
now that is yesterday and is the morrow
he knows why the living always give
the names of the abstract in singular,
why all deaths are the death
and he, amidst the subdued,
is the wall and is himself and is the dead.

Mighty summer cicadas

Something from the past arrived agitating its wings,
crossed time blindly following the line of the morning,
to the very point where the worm's house
is cooler under the sleeping leaves.
I saw the water quivering: the shadow of an instant was weight,
then volume of the invisible among the plants.
Nobody ever saw a cicada
that is hardly made of warmth, of joy and singing.
Pan's Horn it was called by the Greeks,
as it warned of the passing of a frightful beauty
one by one placing in ambush the sweaty bodies of the afternoons,
those hours scared by an impossible god.
He who sees a cicada wakes up in another world.
He who hears it half sees he is going to die by himself
in the arms of this one,
alone amidst the primal things where his soul will remain,
It was seventeen years ago that the cicada I hear in summer
was buried in winter's flesh;
who was that who stayed in my place,
when wrapped in soil and roots,
she started dreaming of her faraway summer song?.
Who was that treading on the larvae cradle
also, like the cicada, dreaming of singing?
Now, when I listen to you,
I know that I tread on future summers' ballads

and I wonder where I keep those faraway ears
and where the lost, burning cicadas of the past have gone.
The saw of your melody
leaves the morning on one side and places the nap on the other,
as I dream of a plural animal,
something hideous and hidden under this very soil
born with the world.
O cicada of creation,
that day of your singing there will be an absolute summer
and I am one of many,
one of those who always has to go away from summer.

Snail of sleep on something that kills

A terrible beast slides on everything:
as terrible as saying: "I abide"
about the tribe that can cross on a razor blade
taking its time,
slowly pulling its strength
on the minute, sharp abyss
which separates one side from the other.
And I can't see the smile of this almost thing
after her exploit that I cannot imitate,
I, fragile substance that can only crush it,
she, like almost everything, a strong gelatine
determined to go on without my existing.
To me, certainty is the shiny road of her never.

A wasp crossed the window's hymen

The cunning animal was naive about the house for two hours:
before the dust of things, it touched the wild ferns,
the thick valleys of the minute garden,
the stone which is a plain of lava for its infinite eye:
an apprehensive traveller through the almost deserted rooms
uselessly encouraged the imprisoned plants,
flew around the head of a dog half asleep
that frightened it away, like a remorse.
The fore-chamber was the Red Canyon:
before, its powerful ancestors visited
other regions absent of foliage.
It was curiosity: Rousseau did not think
of the black wasp which nests only on the ground
when he carved the face of the convenient, kind savage;
a curiosity to see where its lineage spawns
and how it kneads the mud of its rooms
the great white animal
who fears it and frightens from the origin of times.
An armed follower from another house,
ancient, forsaken,
where we were the intruder,
inquisitive, like a black wasp.

1995

The past
and the vespers

English versions by Beatriz Olga Allocati

This morning I have written two poems

This morning I have written two poems.
I no longer ask myself about the meaning
this obscure office has or has not.
It's simply another, possible, way of being alive.
I wonder about the origin
of these two things that are now on the table,
not exactly made of paper and pigments.
About the men who have said it better
and are dead now.
About the centuries of wars and peaces
elapsed between words.
I wonder about the names and the countenance
of the one who somewhere else in the world
has left two similar things on his table
and also doubts my existence.
I wonder about the thousands of days and nights
that must have elapsed for us to do this.
About the hundreds of people
who have contributed with verses.
I wonder why, a short while ago,
this world has changed twice.

The hand

This hand I stretch out
and awaits you
is another vain prodigy,
another shallow miracle
of the infinite series
that surrounds us in silence.
In the morning that has left behind
the two vigils,
that of insomnia and that of sleep,
which is also possible,
I contemplate it at times with that but an amazement
we retain for what is strange.
It has travelled all night with me.
Perhaps, I don't remember, it has touched
shapeless things.
At its touch, doors have opened
and perhaps non-existing
ramparts faced.
It has shaken with cold or has sweated
in unchanging climates. Possibly
it has been cut, just like in a night
of 1676, and remains intact.
It will travel with me all day long.
It is my mockery, it will turn locks,
it will touch what has been touched and others will touch.

Everything is an infinite handrail.
It will accept the treacherous friendship and try
to dissuade the threats, which are
but love misunderstandings among men.
And I don't scorn that hours of light
force it to minor roles:
light a cigarette or leave
the humiliation of alms,
they are a part of the mystery where the hand acts.
Like me, my hand is something existing
in the world to accept it all.
Now, in the afternoon,
when I contemplate what it is writing
these voices without the dignity of some precisions,
I darkly understand
the rags of its metaphor. Like a sacred book,
kept in zeal by the puzzle of its language,
another day has fallen off
at the passing of the hand.

About what runs away

To think that Spinoza died polishing eyeglasses.
That Blake wearied at a printer's shop
waiting for that day's conversation with the angels.
That just to live Baudelaire abased to his mother.
That Rimbaud was silenced by Rimbaud
so that the naïve may tell me about literature.
As if it were possible other than inventing
the shape of the shapeless before others
and collecting a salary. How persuaded he is
of the improbable. Those words
have built up congresses and symposia,
and prestiges and fames perhaps more lasting.
And in the centre, the wanderer of this wordly matter,
that wild brightness for disguise,
or mockery or to escape even farther
from the stubborn intent, has also invented
these creatures, he surely
laughs from the end of the room.
Or contemplates its simulation with piety.

César Vallejo

To walk along the corridors of imagination,
free and alone forever, as when I was
and didn't know I was a child,
till I forget that I'm imagining.
That this heavy flesh, that urinates and sweats,
in one or two ideas be resumed
or comes well back, to that almost nothing
that sees almost nothing in its cloudy sky.
Send me back to the chimpanzee or make me only literature,
but do not retain in me the condition of man.
What weights everything in me
outside has no weight.

To Spanish

I.

In this language I speak, in these phrases of an echo
how many voices live, how much of you is immortality,
language of plurals that being one are
a metaphor of that which being one is the dissimilar.
The whole contains you and you contain that word: Universe.
Because in what other way so many shadows that were and so many
that will be tomorrow could live in these verbs,
in these sonorities, in these silences and heights:
those words that will already be are in the mouths
and were in Quevedo's bloody moon,
in the morning when Díaz de Vivar, already dead,
took over a city, in the dauntless seamen that another morning,
in October, saw a coast (dream within a dream),
and was made of pain, of hunger and courage.
O tongue where men ride and so many
languages have flowed into,
wide Spanish river that has gone out into the sea,
it's true that you did not keep for us
the slight grace of declinations,
but from sturdy Latin your bones come,
the flesh we are today those who speak to you
(the centurion ruling in the faraway province
of his empire, does not understand
that on asking for wine he asks history to keep

some different hues, some changes that won't be
fugitive like his human shadow,
but the future of Virgil's speech).
The Phoenitian that propped his scales on his spear
and from the conjecturable in return
left us his blood and his words.
The scholar singing of Abraham's God in the Torah,
the rigorous Visigoth that baptizes his son
with hard phrases that are no longer exactly the Saxon
with which he was named.. The victorious Muslim,
who under the green triangle of his flags
does not know that he himself was the conquered.
The probable Greek who far from Byzantium
added to his sciences the art of living in banishment.
The captain of men, an Asturian,
who swore on the iron sword to take that hill
and sleeps on the hill ever since.
The friar who in his cell delights hours and hours,
protected by the wall and his time,
bent over the volume, and who centuries later
transcribes the time to come of those echoes,
Aristotle's sentences and Plutarch's double dreams,
does not know that in what his quill sows
another course has opened.
He knew it, the sad, tall loner who in jail
dreamt he was Miguel de Cervantes
and wrote the Quixote.
Neither the Jew nor the Moor nor the Christian
that contend and mingle their bloods
in your sonorous ancestor understand this:
from what thousands of men and stories
you have come, language of Gracian and the Americas.

II.

I see in you. You are not made solely of sounds,
or notions only or of concepts. You were made
also to name that gloominess of imprecisions,
the ambiguous paths that between word and facts
declares its dominion. Another prowess of your, Spanish.
May eternity have a body and may we
touch the weight of an hour in word.
In Persia certain sentences could move the stars;
only you, now, can summon them. That I say prairie
and prairie may extend, like a carpet without trees,
a yellowish sky spilled from here to the horizon.
That I say volcano and this surge in the sonorous room,
tearing off floors and boiling airs and breath.
That I say sea and step on the silty bottom
with hair shaken by the waves, everything become
a liquid dream, soft weight in movement, incommensurable.
That I say air and rise or everything descends on a somewhere over
there,
as if the earth fell and in the same place I remained alone.
In some way, in millions of mouths,
you have comprised everything, you have devoured everything:
what other words, like people of the future,
in you, infinite tongue, wait for us there ahead?
Which ones will there be to name what has never been born,
just as these we utter had never been born before.
If the present is that which on naming it in you
is what has been, even more the tomorrow of the same,
tongue that has been that of Góngora and is mine,
using your words I dream of you as eternal
as the earth and the air. Of you, that equally comprise
fire and water and earth and air.

————— 2001 —————

The mare
of the night

English versions by Beatriz Olga Allocati

I see a woman making herself up

I see a woman making herself up as any woman and she changes
first she is thinking of something else (because when a woman begins
                                                    [to make herself up
she hasn't yet set apart this act from the rest of the day).

But then arranging the various objects that the ceremony
primly appoints in the exact place about her hands
the woman knows that something has entered this world again
However she avoids naming that to come
Powders creams colors for the delicate architecture
pencils that will write other words than these
words that will try to tell to that thus hidden
The other one as she sees herself must be designed by this one peering
in the mirror to see her
She is somewhat shy before her elder sister insisting
"take me out of nothingness invoke me make me be again
among beings hours and things
make me be again among men
yes above all make me be again among men"
And the little one surrenders to the call of the big one and
puts her out and designs her in the mirror
On the other side she remains set in the drawing
Powders creams colors pencils the tools are the same
as in all similar ceremonies
he who manufactures these things knows what she's doing
I see a woman making herself up and she fascinates me

On her part and as usual the woman is only fascinated by herself
Nothing or no one exists when she approaches the mirror
nor when she stands facing the mirror or when she stands apart
Rare species so much sung and deaf
She sails through life tied to her power and what is set in her ears
set before her eyes what is concentrated in her mouth
saves her from falling
It may be thus that in front of one we are always alone
Riddles of what cannot fall
Now she draws a line she has doubted not for not knowing but
because knowing the meaning of the ceremony, she enjoys the
                                                    [preliminary
now she draws a line and divides the day in two
It has been done the rest is a development a dark blue line hardly a
                                                    [stroke
over the left eye which has been completely transformed
It is no longer a human eye it is not the eye that came with her from
the womb
knowing that it bore a woman but an eye of her own definitely hers
The eye regards the rest in the mirror and is satisfied
winks to encourage the woman
The other one looks at her from that eye where she now peeps and
watchful impels her to the rest
However the woman pauses half made up drinks
a cup of tea there is pleasure in going about the world
scarcely made up
Simultaneously it's like showing the other one a minute power
a slight strength she may delay but will not avoid
Which both know and thank for
But finally also the right eye changes and the other woman
already sees perfectly in the mirror now she is the one who sees
and the first woman is leaving slowly stroke by stroke
There are some oily hazel creams with which women

make a change of skin
they don't darken theirs but pull out the other skin from
their cheeks and allow it to show
I completely ignore the name of that ointment
as I ignore the names
of other elements of the ceremony because they and their names
belong entirely to the other world
The one that shares life together with man's on this earth and in history
Names things precise terms that we cannot understand
which come from another language, are pronounced in another
                                                    [language

much more suggestive than ours
a language to be used in a low voice almost in a whisper
Because it does not belong to the universe of great expansions but to
that of the confidential the intimate the obscure
This language women speak among them and talk
to the other one before the mirror
Where a gesture means something different where no word
corresponds with ours, there in that language a woman makes up
and we believe she embellishes
Before the mirror everything has been consummated
and the other one is already in this world
the previous woman has gone and this is the one who sees herself whole
Alternatively moves a muscle smiles raises or bends her head
as an actor testing his strength rehearsing movements
Before the mirror this other woman measures sinuosities gestures
                                                    [pauses

By herself, previous unique, these gesticulations
are like the archetypes
which live in perfection in the world of ideas but then turn into a
                                                    [character

Repetitions of each of this movement will be launched
with treacherous precision over the world of things

They will join it without losing their foreign condition
The woman is not only herself but also her gestures besides her body
she haunts the body's surroundings the room the entire place
wherever she is
Like this woman the other one who still looks at herself
in the mirror a little longer
mask of the mask fiction believes herself complete.

Kustendje, by the Black Sea

To José Kozer

You told me in your letter how beautiful Kustendje is
when the Chinese and the wind arrive at the Black Sea
and that not far from the bus station
there is a stone where -you were told- Ovid used to sit
when it was called Tomis and meant banishment for him.

Let no one, even divinity, save us from the favors of the mighty
for from changes no one is saved.

That yesterday they demolished Lenin's last statue
and that at Tomis he wept for nocturnal Rome,
wearing a smile, the frivolity of reading love poems,
the repentant hangover of the following noon,
when he commented licenses, conquests or rejections,
with other idle ones in the baths or on the streets
of a world that laughed forever.

You told me in your letter they still mutter a bit of English
and while he spoke to himself and drove away hens
with the voice of his hexameters, Ovid was still
that ragged old man, the same that other clothes
and hair and perfumes showed to Augustus.

That you already knew why stones and verses

shift, when the glance shifts, just as when
Ovid knew -before the metamorphosis-
why poetry is of interest to none.

About love for barbarians

The opposite seeks its opposite
and the drop of black
grows within white
until turning white into black
and in the opposite so does the white drop

We all want the opposite
Which incarnates in front of you
Once in a while
And brings its exotic religion its idea of the subject
Its distractions its apparent cruelties
The little care with which it handles the most precious gifts
The offerings and presents we intended
Before
For our own fetich
Such was our donation

Barbarians have the candor of what we were
That which has never grown in them
Or has never been attempted thus

They are what was possible for us to be today and did not prosper
Therefore the tenderness the zeal the interest we feel
For its apparent clumsiness
A constant lack of consideration

Our consolation when their actions kill us
is contemplating them kindly
And to caress or at least trying to
The brutality that shatters and
when rebuked by it
they sincerely do not understand
As they would not understand if in front of them we wept
The why of all those tears   they feel innocent
They are indeed, ours is the tragedy of understanding
And of understanding that we can do nothing
Either for love or for hatred to redeem the creature
From its rude condition

This of all gifts is perhaps the rarest
Our gods have given us
Our non-existing gods

There are also those barbarians who resemble us
But they are not us beware of them above all
They are the most dangerous they are those who really
Reach your heart
With their similarities
With their deceits of which they are of course
Utterly innocent

But no one changes barbarians

And when their barbarism appears expressing their "meanness"
Their "violence" their "impiety" their fastidious extreme negligence
They are already within us and it is late
Too late for everything
And they will never leave that

Which their unskillfulness their unconscious malice conquered
And also their dexterity
Largely acquired
In combat against other barbarians

We will be their success the drop of childish joy
Which lasts for a day
The lonely boasting which soon disperses
Ours will be the ruins the venerated broken statues
We sold at market price for their sake
Nothing or almost nothing is worth anything from us among barbarians
And ours will be the night where something will burn
Eternally in flames forever
For the love of barbarians

———— 2 0 0 6 ————

The afternoon of the elephant
and other poems

English versions by Beatriz Olga Allocati

In an arduous wedding anniversary

"After the first death there is no other"
Dylan Thomas

Our generation was a handful of men alone,
a pinch of ruined women,
a cluster of nothingness without shoes,
the bunch of the vines of wrath.
I that agonize
take leave to evoke you though my remembrance
gives you nausea, baby, deep nausea
like the filthy marmalade that those always mistaken perspire
for they love too much,
though the credo and the miserere we always pray
you and I alone in two nights knowingly detached by us
-yours, the I only believe in me and mine, the whole miserable me-
since then they say
that one never never loves too much:
won't it be by chance, in the depth, what no one can see,
the dark Latin of the real contrariwise?
All concentrated frightens in the urgent end of century,
it must be finished one way or the other
and this is the mournful gallant of the party,
dressed for the date that already starts
a quarter of a century.
A shame that, in *September love,*

my September night was neither that one nor this one.
A bleeding spring descends on the self-murderer's night
and nausea inhabits each betrothal since then.
I think I see your dead father with his finger
sinking in the depth where night came to,
your mad mother beating on your face
the indelible monogram of another mad woman of her offspring.
I think I see some dead people celebrating the wedding,
my right eye -the one that looks into oblivion-
pulls out of precocious oblivion
the smile piercing shame.
My left eye, the one that looks into old age,
a wrinkle of future, a warp of what was soft,
delights in the vespers anticipating
your face and mine amidst the flames
burning like two old photographs.
Was I the ghost of night
and of nights later happy,
the nights and the afternoons
when you bore your children?
Wasn't I the oblivion and the laughter by the spouses,
when mockery at those swiftly passing in the train,
a countenance smeared with fury peeping
from the engine, the first of those watching
the mad virgin dance naked with the idiot?
Give me at least that miserable role in your life,
that of the wrinkled newspaper going away along the road
to a village of cowards
taking the headlines I regret.
Tell me, silent skull today, of what I loved
as far as the very corner of misfortune,
if I, who harbor this fishbowl of images
where even Virgil fits, was not then,

in the laughing darkness, between the lips
of death that in the flowery age
bear all the signs of life,
but the ridiculous and the eternal where what was wept
weeps over what it cannot see of itself, that very self.
Kill me. But not
little by little, like life.
With one word, kill me.
With a single glance.

The afternoon of the elephant

To my friend, poet Nicholas Stix,
wherever he is.

do you remember, nick, the afternoon of the elephant?
you were overwhelmed by the endless rejection
that married woman a mother of four children
had dealt you over the telephone
the only thing she was giving you for
eleven years then
at least
when she was single she said it to your face
and you were irritated really angry
because I had arrived one hour later
and left you alone in huge new york
one more hour to yourself
neither my taxi nor my apologies soothed
your anglo-saxon rage
you said one is alone only in big cities
do you remember, nickie, the afternoon of the elephant?
many rains and snows and footsteps
of italian shoes and sport shoes
passed by that village corner
but it hasn't yet forgotten the afternoon of the elephant
you lectured me in your icy english
without realizing that I was also wrecked

and then that huge shadow

you spoke of the tediousness of cities
of the yellow weariness that sets
to the west of your brooklyn bridge
and of the young women crossing alone
and in buses the silky mazes of central park
heading for those rooms where heating fails them

and then those majestic footsteps

you went on saying they had not included you in that anthology
and said that her husband was bald
lisping and he designed comics
the fool of comics you repeated
the fool of children magazines you repeated
while people
always alert people
ran off the sidewalks
knocked chairs down
and forgot the children in their mad race
you said routine is an old blind lady
begging for coins along bond street and harlem
and that everyone allows her in their houses

then that fat one the bulk
stayed put near our table
in the deserted corner while the cashier
trembling called the police

five thousand kilograms of peaceful forest
crashing the asphalt an immense grey epiphany

four meters high and that funny trunk
with a finger at the end
that tasted fruit from the fallen tables
and hurled the stained tablecloths in amusement

during its escape from some circus or zoo it crashed
that old lady beggar who saddens
the oppressed people at home
would look fearlessly at us like all things that
smilingly repeat I am man's friend

An insect in January

minimal at the window, an active presence
hardly different from the air in his elementary design

plus six legs and two wings that the green body
hardly a line going across
millions of years in his fluttering
from the dinosaurs' nostrils
to the stern, cold present at my window

he was never bigger and never abundant:
when plants that are herbs today
reached heights and curved colossal shapes
a few like him rose
towards the faraway treetops with no little effort
of those same delicate membranes
that hardly move or rest before me

there where he reflects the other whole wide world
which is also his

his victory made of a safe silence
just like all things

Its little time detained

The car that killed it
went away sure of itself
and now sleeps its motor dream
in a sloven suburb garage

tomorrow they will clean the blood off it
before going to work

the criminal does not sleep though:
he discusses the rent issue with his wife
he has completely forgotten the cat
that until dusk came was made
of sinews and charm
of bloody agility and of silence

now on the faraway street
it is only made of time detained
and is looked for by the ants
always walking
through an endless desert
where water is scarce
but food is abundant

that hidden country where we place our feet

the street keeps on being a street
as it was yesterday as it was
in the evening of death
as it will continue during all
the indefinite tomorrows

the sky hardly darker
hardly someone alone
crossing at the corner
and from time to time another car
seeking some living being

just the cat changed
or its half that is all
that remained on the sidewalk

today when death
has captured another mouse

The extravagant traveller, up river

Then I saw it in the oily water,
the gift of the industry and of hatred for the living,
sailing the course up river:
the impossible salmon,
a brawny monster
adorned by greens and violets,
by oranges and reds,
in the livery that only desire lends
to the eager to reproduce it at all costs.
Weird iridescence amidst the trash
of the condemned river,
like a man obstinate
in finding the path saying
"I am your life", a gift
for naiveté obstinate to believe,
a sting for the tightened sinews
under the harsh scales,
an overdose of hormones
flooding the minute brain.
And that mouth open to the desire of breathing
still some more of its last day,
kept the last syllable
of those who don't allow to be defeated
nor even by their own silliness
nor by the edges of the docks
where they never stop, where never
for any one thing they stop.

A heron in Buenos Aires

Some brush drew a swift letter S
thin and white
on the chestnut-color water and there
suddenly was the heron,
tourists did not see her
and she did see everything and everyone, swift
and motionless on the miracle of water.
A mirror in the middle of the negligent
city, transparence-painted,
an open buttonhole that clasped instantly all the clothes
dressed by winter.
She was still at the fatal bank of her own Amazon,
the disdainful leg folded against her body,
as saying my balance is made
of a lasting silhouette
and in a lasting way not recognizing at all.
She was a patient harpoon minding only the reckoning
amidst the playful bellowing of domestic ducks,
only she as precise as a minute scythe
in the pleasant Japanese Garden that showed her graces,
with that oriental peacefulness that knows nothing
about the rough murders of a famished heron.
They all went away but anyway I saw nothing:
a second was missed between things, I believed;
an instant in the following instant
was bloodily skipped,
but when the heron flew
another life but hers was missing in the pond.

John Christopher's skunk

I was a child when his road crossed mine
and used to stubbornly take as a prisoner
-always held with a dog leash-
that beautiful black and white animal
to which he naturally gave a ridiculous name
and smilingly said that his father
(a shameless veterinarian)
had removed "the poison glands" from it

john christopher's skunk
that amputated beast
in its convict costume
nibbled the roses of all gardens
as if it envied their perfume
and smelled everything it found
maybe seeking its own
definite stench lost forever

it was hated by everyone
as its sharp paws destroyed the flower beds
and turned over the bricks placed on purpose
to walk on them across the unpaved streets
when rain flooded the village paths

that alone and the disadvantage of being a skunk

are enough to congregate the crowd's hatred

we all were once john christopher's skunk
a unarmed hair ball deprived of all weapon

a farmer killed it with a shotgun
one afternoon when its god the child
was asleep: he woke up in a dream
where the little animal no longer existed
and saw me and cried
not because of the helpless animal
but because of what his childhood had lost

the young of another animal stronger
than a helpless skunk
blamed it without knowing
for that harm
legs upside down by a fence
got swarmed with flies

a definite meanness walks amidst things

2010

Manhattan song.
Five western poems

English versions by Araceli del Luján Lacore

Underground New York

Up in the sky, the weed dances in the breeze,
the city wind swings in the middle of those who speak alone.
Down here, trains shine and come and go.
Through the screened maze,
the black woman, drunk and alone,
half-risen on the Lexington train bench,
explains endlessly to the creepy cop:
"I barely hear through the forest of smiling hats,
the white hands clutching their purses,
the unshaken Latin American people who, like me,
are barbarians in Rome's farce."
The details of a death:
Either her husband, a child, or her job
led her to forsake the vertical line of her endless body,
letting it spill into the puddle beneath the bench
of the remorseful woman,
into neglect.
So, the little Japanese lady:
Where did she leave the tiny showcase of her music box,
the absurd tutu like a wrapped candy?
Halfway between the holes in her dance tights
and the lunatic face,
she made a sharp croissé,
dodging with her dyed-yellow hair
the upright jaws,

nailed on pointe to the moving floor,
a swan lake in full flight
beneath Manhattan's snowy ground.
Then, the white cup of her delicate and dignified gesture,
between leaps and bows and glances elsewhere,
without ever leaving that other side
from where she did not look at us.

Where was the little Japanese woman?
In what hall of lights and applause,
when in the middle of the carriage
she bowed her torso and head,
extending her hands with chipped nails,
the mouth twisted by her mad laughter?
At the bottom of the cup
the coin,
alone,
just like her soul.

The Hudson

O! Und dann wieder dies Bei-sich-selbst-Sein!
Diese Stummheiten! Dies Gebriebenwerden!

....

Oh! And then, being with oneself!
These silences! This drifting!
Gottfried Benn

Every time we take it too seriously,
she mocks us.

Where is the paper?
In which heaven does this insect fly
just because I write it?
Which cadences did her absence change before I knew
it could have been a happy catastrophe,
away from the lack of volume
and weight,
almost unconscious but quite true,
this one,
flying between the room and that heaven,
undoubtedly full, just like us,
the ones by its side.
Otherwise, please, tell me:
Where does his defiant breath come from and where does it go?
The breath you claim is not yours but his,
even traveling far away.

What insects do you want behind those limits?

No one conjures before being summoned.

Reading is looking for our biggest fears,
an act so difficult and indivisible
as the horse or the Centaur.
It's not just a matter of traversing borders
but of finding a different shape while awake.
The hands turning the pages
open the grass of an indefinite jungle.
The sun goes down,
it's nighttime in the swamps,
and you can see how, obedient to the fading light,
he has settled on the shore to sing.
His wings against his body, innocent of all this.
Nothing can happen if this stone hits him.

I.

What river is this
but the one that kills you, Heraclitus?
Its salty and sweet waters
are the flow that moves them.
One shore is the Hudson, another the Ganges,
and there's another for a few more names,
wide and narrow,
long and short.
This river of the world,
the one we follow through its meanders,

even the one that leaks underground.
The shore is everything:
neither the wheel, nor the fire, nor the language
traveled to other lands but to this blue Mesopotamia,
always behind, always ahead.
You never knew, Admiral,
how deep the waters you crossed were.

Thus, it is dark and it is bright
on each half of the river.

II.

How naïve, Old Hudson,
the one who believed he could speak of you,
of the Rhine and the Danube,
when this night has already drunk its metaphors.
Is that Jersey over there?
Someone is drinking vodka,
arak, whiskey, ouzo from the Cyclades,
black and thick wine at noon.
To take a drink from your waters
is to be carried straight to the middle of your stream.

The more I take from you, the more I return.

What link do you hold, secret Hudson,
with this river I watch slipping away between the bridges?
Surely, this is one of that lineage of unique rivers.
The first song speaks of how much would turn clear
and how much would remain dark,

between a world of words and a world of games.
But it had to deceive you,
you who read, you who listen.
Where does it flow now, the river's poem, already written?
If I only knew,
you could join me inside these twirling vortices,
where, like in a crossword,
names play hide and seek.
I wonder what would happen if a powerful cop stood by my side,
a good one,
and I had to explain everything
step by step.
Intoxication with non-existent water
leaves a mark, a trembling, a distant walk.
It is already a rare experience in the world,
but still easy to mistake
for other dilated pupils,
for other altered pulses,
for other hallucinations... cheaper ones?
And if we speak of consequences,
it creates an unstoppable habit.
Once, there was surely someone
who would have killed just to return it.
Can you hear me, Gilles de Rais?
Can you hear me, Great Tiberius underground?
Was anyone there during that crisis?
I mean, not someone who died because of it.
Old Hudson in the mind,
you are her object and her risk.
You should know, and you should tell me.

Nobody says "horse" anymore,
but there is a new colt in the world.
Curse and bless,
because from now on,
every bread you put in your mouth
is a contradiction.

Five Contrasts for Erasmus of Rotterdam

I.

This ball of crimes spins in the space,
crosses your immense black body, Jack Frost.
In the middle of the twentieth century, the Minotaur
faces the hairy night of Caliban.
The trimmed and lonely constellation of Ariel:
is it Ariel's night,
the glow of Caliban?
Only in your projections
mute and naked as a textile figure.
Listen with your tapestry ears, Erasmus,
to what the TV, chatty hissing beast,
has to say;
an androgynous god in my time;

A 1956 MAN

The dog comes from the wolf,
and men still have the sword,
and sometimes the glow of angels,
a singular moment to reclaim the burden of ten years.
The naked Hindu, unchanged,
(he is not the thoughtful clown you imagine,
but the ancient Arya in the Ramayana)

says that first was the gold,
and then the iron.
The metal of the day
melts and bleeds into the inevitable abyss of the night.
The high moon leads to oblivion.
I see the wheel spinning, always spinning;
it has already devoured Ovid and the soft caresses of Lucan.
As the hours pass,
yours is the grace of the albatross,
dark seer, Charles.
Once, it was the gull of the old sailor.
Time feeds on time;
around me,
things announce that Ahab will finally hunt his whale.
The one who was barely a Great Memory
is now a Memory.
It seems to go directly to the books.
As her reader,
she has a white head."

There, in the synchronicities, the uncertain
does not stop your horse in the middle of Aquitaine,
taciturn Erasmus, like the pen without pause,
it does not cease leaning on the jolting saddle.
But Erasmus, didn't you, in the same way,
pay no attention to the Roman ruins rising in the landscape,
just as they scorned the profuse menhirs of Brittany,
rising from their foundations?

And yet, it isn't easy to separate
the Barbarians from the Hellenes.

Do not tell me that the Great Mother

wants to kidnap her child,
because that is easy and unworthy
of your permanent rictus.
There, at the finish line,
Thomas isn't Saint Maurice yet,
but he already has a big red tiara in his throat.
Man is the only animal who dies of ethics,
and that is the most profitable compliment for his insanity.
This is true,
just like what they say on the radio.
But will they keep dying, Erasmus?
Or will they become real for the Great Mother after being mentioned?
The one who moves the cautious food,
the careful harvest of surrendered bodies,
the wary thought,
in order not to hurt any of those delicate parts
as long as they live.

Once again, is Ariel the night, or is Caliban?

II.

Suetonius fell.
He used to move from an archive to an orgy,
whispering, "All splendor will perish."
He counted Caesars with the fingers of one hand.
"History always plays its cards," he repeated,
always far from Hadrian's ear.
"Only I see the grime of his hands,
leaving upon the green of time the worn-out letter."
He consoled himself with the bustle of the public baths,
between bets and deals

to raise the price of wheat in Aquitaine.
"She has dirty fingers," he muttered in the circus.
And, "How many Romes will come after this one?" he sighed,
ignoring the Gallic offers in the market square.
"I only regret not being there
to carry the successive statistics,"
he persuaded himself at dinner:
Stuffed tongues of flamingo, larks in pastry,
warm shivers of a carp fish, lampreys in ginger sauce,
bear ham, trout, chess pawns
before the great boar, splendid as an empire
crossed by rivers of Falernian wine.
"As long as this, and not another, is my only concern,
I will be safe from those dirty fingers,"
he concluded before falling asleep...
The next day was another story.
"Ah, Lucan, you came into the world to amuse yourself.
Ah, Virgil, you passed through life assured of a happier path.
Ah, Horace, your name is made of incense and tides.
All of them have left me with one alternative this night.
The other one
is no less fearful:

ANDREW MARVELL

I carry the hearts of men through invisible paths
(In God's hands),
determined and clever.
A passionate love for language:
the silent twig leaning forward over the pond says,
mute, echoless, yet winged:
"the society of poets from London

roars and howls to the king and his kennel."
The bitter fruit of the branch
is mine and John Donne's.
Not even the dialects that rise beyond the sea,
nor the ingenuities crafted in the style of the day,
can withstand the force that declares:
everything will perish.
My poetry is from the bone
that papers and ages leave behind.
What belongs to the day lasts no longer than the day.
But the poor one is not naked,
for she is always the Obliged and the Broken,
Invicta Forsaken.
I will conquer.
Not I, but the branch.

III.

Finally, we did nothing.
These canvases over unfinished paper,
the huge roll that reels and reels,
falling over the floor like the fat folds of a whale's neck.
Was it everything for Gilgamesh?
That abundant testament.
Erasmus, we do not have the grace of Enkidu.
Or is Saint Maurice beyond Enkidu's shape?
If words are the magic grass,
why can't Enkidu find it?
Erasmus, aren't you the path Enkidu once took
to discover how?
In Babylon, people are lazy.
Only he shoots the clock

like an ancient duellist
as it whispers:

"Do not fear depression,
do not look at the street,
do not dare to look inside your house.
If someone tells you to cheer up
invent a smile for each day.
Do not look for the iron bar,
or try to put sodium pentothal in the vermouth.
(The first is mere envy,
the second, the eternal desire for company).
The shadow falls, but do not fear depression

But the shadow falls

I do not know any clever man
who does not dream of being that fool
when his halves stay alone

but the shadow falls."

And if the Mantuan comes,
he will not tell you: you are in the middle of your life's path,
or that you are responsible for its construction,
or its preservation, or anything.
All this happened so long ago that I can't remember:
but do not worry,
by that time, things were already unfriendly,
and activists were everywhere.

Though the stairs were less dusty,
innumerable books went up and down

No one can dream again of the legendary island,
but if you enter or realize you are there,
listen to me and keep your hope
There are things people say but do not do.

For example; Jesus was always in a good mood.

IV.

It's impossible to hear such a tiny voice,
so small, almost non-existent,
speaking from the cracks in the wooden floor,
from the cement worn down by countless steps,
from a speck of dust that might be the sun
of a hidden universe:
"Listen, all knowledge is a fantasy".

V.

The human condition is like a little crocodile, Erasmus.
Those who take it carefully in their pocket
only put their hand in when it's strictly necessary.
There are those who throw it away,
but the animal comes back bigger the next year,
devastating the buildings
with the command of avenging ingratitude.

About this:
        Someone hid the card,
        uttering a low growl.

From one side or the other,
he will say goodbye.

Meanwhile:
　　　There's no reason to complain while awake
　　　about the stares we tolerate in dreams,
　　　dazed with ginger, like Amon the Prophet.
　　　Like Amon the Prophet, who ran naked,
　　　chasing the locusts,
　　　blessing the wind for the gifts of the bush.

Forty years of starving in the desert
are enough to kill the little crocodile.

Even if:
If He exists, and you can see Him, Erasmus,
you will panic,
and even if
you don't have neither pockets nor nerves,
you will shake the air, looking for cigarettes.

Imaginations

English versions by Araceli del Luján Lacore

In the garden ravaged by the cold, it resisted

We argued about the simple things of our world
made of windows.
Behind them we hid torments and joys.
We think an aquarium is protected
until some words make it burst.
Men and women
are two species that in the middle of an eternal fight
intercalate each other.

Remember? We were in the balcony
when April's old melody blasted.
The old cricket roared his music
from a distant garden
in the Southern hemisphere.
April is so cold and weird
useless was its sexual symphony,
a torment for the summer.
In the middle of that frozen evening,
abandoned under its eagle,
that furious child will always mean a wish.

In the garden razed by the cold, he resisted,
like a stubborn bulb
or a seed insisting on reproducing
being a late father

of small maggots swarming the air.
Months ago,
when the frost couldn't mist the windshield of the tired man
driving the bus on a sleepy street,
someone screamed of hunger cold and hate.
An annoyed man crossed the road in his car,
a salesman uttered his selfish recantation.
In the face of the cricket we hushed our shame
of being almost old and not having children.
In the humidity of the garden
his ridiculous violin will not charm any female.
More powerful entities than his silly chant
will cut his cords.
Its amplified scratching sound against the worn-out sides,
motivated by an incessant desire,
will be swept away by the mist in May,
and the street wind of a new June.
Stupid animal that, when a momentary silence
intercedes for its barely minimal grace
lets its humble splendor be heard across the whole street.
That insistence from another time
we do not see and we do not hear,
except for this cricket or another eternal thing
from this good and deliberate world we live in.

Time is a river
that on the shore of his song,
suddenly stops.

For José Emilio Pacheco

That brother who poisons the rivers

That brother who poisons the rivers
opens a wide breach,
a wound that breaks life.

The hand that kills the fish eggs,
the finger that commands the world's roots to wither,
the fruit to rot before reaching the mouth,
the birds' wings to vanish in midair,
and silence, to freeze the landscape of its own death.
That brother who begs the mushrooms
to sprout through golden wheat,
who asks the night to split the heart of noon.

That brother who forces time
to rewind into its own undoing,
who calls forth skulls in the middle of a feast
of his still-living flesh,
he does not know he is killing himself
like a falling bird,
he does not know he is perishing
where the stem releases its joyful green column,
where the wholeness of the fields
collapses into nothing.

That brother who poisons the rivers

does not know he poisons, too,
the red river within him,
the one that seeps into his children's blood,
oiling it now and here
with his infinite mistake.

The hand that gave the order
to sever the future
chopped each hour of this day,
this morning,
when faces and gestures
were still the same
for that mistaken brother
who poisons the rivers.

The bamboos

We bought the bamboo pots on an empty Sunday.
Three skinny stalks,
rooted in foreign black soil.

They settled on our balcony,
the long, exiled stalks,
slowly bending in the wind of India.
There was a simoom and a quiet dawn in Buenos Aires.
Only the stalks understood what was happening,
tearing down huts,
spooking the chained elephants.

Far away,
a wrinkled rhino roared through the night,
and terrified gazelles
fled down the street.

The next day,
while I watered the bamboos,
caressing the soft earth,
I saw a pair of yellow eyes,
a strong body behind the slender stalks.
Then the clamor in the street,
unleashed by the traffic light on the avenue,
spooked the dense presence.

I watched it flee, snorting,
its resentful head turning back towards me,
the majestic concealed among the stalks,
everything, and a tiger.

Last night someone cut down a tree that was three thousand years old

Last night, someone cut down a tree
that was three thousand years old,
standing tall over the field.
In the night, its pieces burned,
warming the frozen men,
and in the mist, the glow
marked the site of its death,
the same as its long life,
the same as its brief bonfire.

Yesterday, its shadow
stretched to the distant house,
crossed the creek that was not there
when it first emerged.
Today, a pit with dangling roots,
fragments of branches and bark,
marks where its powerful sap
flourished through the centuries.

In its crown, animals that no longer exist nested,
and under its branches,
infinite storms erupted.
Its high arms
rose from among the low clouds.

Between its roots,
our ancestors
hid from the beasts,
and later,
treasures were hidden,
love letters,
stolen objects,
and someone carved
with a pocketknife
words that cannot be read.

Last night, someone cut down a tree
that was three thousand years old,
standing tall over the world.

The basil's love

It is not the anonymous one,
the one from large industrial plantations,
destined for drying by the ton,
the one that blossoms labeled in every supermarket of this world.
Nor the singular, the noble basil that Virgil
pressed between his lips and rinsed Horace's hand among the poplars.
It is the creeping, common wild basil of the fields,
the only one that always looks at us
green among the ruins.
The one that has been greeting us for millions of years
between the stones.
There, where it is surely not wanted,
it peeks out, stubborn, with the only help
of some casual raindrops.
From time to time,
a gram of earth is enough for the basil's patience,
to love the corner between broken bricks that, it seems,
want to expel it forever from their embrace.
It perseveres alone in its patch of green,
among the barren, sustenance it's denied,
that which it loves the most.
The more it tries to drain it,
the more it insists,
the more it wants to dry it
the more it blossoms.

Indifference feeds it and waters its leaves.
Contempt. With disdain, the passion grows
of the long-suffering basil,
and when it seems
(once every year it happens that it is absent),
four blue tears are enough
for it to rise again from nothing as before,
another miracle of love which does not know
about death or oblivion, or deception:
a root that persists deep among ashes and dust,
a miracle that blossoms alone, a prodigy
without any reciprocity.
The basil is the love that does not silence,
or dry by its own will
or anyone else's.

The tenth circle

I am dante alighieri.
I never believed a single word of all I wrote,
and I crucified in writing,
the soul of those who came before me.
I was better than betrayal
because I understood that betrayal
Is the only thing similar to the human heart.
And to say it plainly
was to condemn myself to the fire and oblivion.
I live in all the foolish things said about me,
and that is the best tribute they could,
and can give me.
Beatrice was a despicable fat woman,
the pope I defended, an adulterer, a criminal, a reprobate,
no less atrocious than the nobles
who sent three hitmen to cut off my fingers
in a forest in siena.
I always understood every conspiracy as the normal movement
of the same machine that guided my steps.
Neither good nor bad is each matter,
But, oh, how difficult it is to explain it.
This will be an eternal tangle.
I am dante alighieri.
I never believed in god.

The snook

On the plate, which seems small before its powerful form,
the snook, with broad scales and a huge armed mouth,
still bites the air that escaped from its last attempt.
Though defeated by the nets of the fishing company,
and brought to this world by force,
which we think is safer and more authentic than its own,
the sea beast,
continues to stalk the restless octopus
in its coral forest,
and its strong muscles
want to drag it away with a resounding tail slap,
towards the black and deep submerged mountain ranges,
towards the islands falling from the surface,
towards the Atlantis that is an algae garden,
beaten by currents
and the endless passage of the whales
that go towards the dark for love,
like a slowly moving landscape.
The snook, frozen in fury
but still warm in the newspaper
the merchant wrapped it in,
the same snook that yesterday at noon
was tearing apart immense columns of sardines
that fused into one
or scattered through the gulf, holding it up

(It seemed) like a submerged palace.
The insatiable beast, like a murdered brick of silver,
will no longer surf the waves with disrespect,
proud of the power of its broad back.
Among the fruits and beer bottles,
humiliated by the man who shuts his fridge
and thinks of something else, scratching his head;
This man is for his god, who roars over the bells,
a snook on a plate.

Drácula

In my childhood, it was Christopher Lee,
for others, it was Bela Lugosi, a morphine-addicted vampire
who died poor, old, and forgotten.
A fate unknown to that unchanging shadow
that keeps watching us from the hollow stairways,
or the dreadful room at the back of the house.
It must remind us that
behind those who reflect themselves
every day in the mirrors,
there is always a child
feeling the darkness of an eternal corridor,
one that, he knows,
ends in the hall of a castle.
It has to be the other side of noon
for noon to be the soothing light,
the clear certainties, a daily luminous avenue,
so we can see death coming if it peeks.
The screams on the street that no one claims,
are his.
The shivers of shame,
the night steps coming close and going away,
a horrible double time that confuses and grabs us.
And at the center of that infinite web,
woven for him by time and our fears,
he laughs at himself and hell,
and murmurs our name between his teeth.

The one who is the only one,
and the one we all carry inside;
Vlad Draculea, the prince of Wallachia.

Hidden

English versions by Araceli del Luján Lacore
from "Nobody knows where we were"

zyklon® valley

there are children who are born without a head
because war is coming.

there are uneasy people thinking
that something serious could happen
because war is coming.

a crazy hippie howls until she loses her voice
that there's a wooden horse
full of elite troops at the gates of europe
and they silence her with a shot
because war is coming.

the war with hook hands
and barbed wire feet
with a fly's head
and bat wings
the war that stares steadily
and is high and long like a mountain range
in front of your lilliputian horror.

it's expected that at any moment
adolf hitler abandons his refuge
removes his disguise and rip off the rubber mask
to speak to us face to face
through all the international channels
because war is coming.

there are couples rushing to marry
to buy the house and the car.
they will have children and then divorce
because war is coming.

the war that prays for peace
while buying and selling stocks
the holy war
and the last resource after good intentions.

there are housewives
who can't find marijuana anywhere
for war is coming.

at the reina sofía museum
they doubled the guard around guernica
because war is coming.

in rome a project was presented
to cover the coliseum the palatine hill
and the round and small temple of hercules
because war is coming.

there are new hopes in the skyscrapers
where everyone buzzes entering through the windows
and rubbing their little feet in joy
because war is coming.

there is a resurgence of nazism
fascism and vampirism
because war is coming.

the honourable congress of the united states of america
meets in permanent session
and someone writes on his mobile phone:
"don't wait for me to have dinner, jenny.
don't ask questions i can't answer.
i love you and the kids, jenny."
he makes a john huston face
and feels relieved by sending his message.

"things come in threes."
"things come in threes."
"things come in threes."
repeat, those working the garden in the asylums
and the nurses run for pills.

a mild mussolini stretches
in every woman and man on earth
because war is coming.

the circles of beauty lovers
worry and discuss the threat
of a resurrection of social poetry
because war is coming.

there are 20 million refugees
expelled forever from our species
because war is coming.

a miraculous medicine is promoted
worldwide
to avoid future infections
because war is coming
and so on.

the writer spoilt by the french right
predicts in his last book
that there will be no war
and sells half a million copies
in one afternoon
because war is coming.

there are forty- and fifty-year-olds
re-reading lenin and nostradamus with nostalgia
because war is coming.

the sound of the keyboard in this computer
sounds like the rattle of a machine gun
because war is coming.

in the vatican, someone lights a cigarette
and smiles looking out the window
because war is coming.

the flour the coffee the tea, and the heroin
have gone up to the clouds brushing god's sandals
because war is coming.

the academics gather in urgent conferences
to discuss the possibility of the appearance
of a post-war literature
and the appropriate theoretical framework,
if there is even a brick left on top of another
because war is coming.

and this poem no longer continues anywhere
because war is coming.

procrastination

from my window i see a tree
hanging stubbornly to the abyss
he grew as it could
amid the ruins of the building across
because one night his seed thought this city
was a mountain range.
like for our desires
the frail tree pays the price
he will always fear the fury
of an unexpected storm
the sadism of capricious rain
the ferocity of sudden winds.
his aging roots cling to the vertical wall
with the strength of a remorse.
this year to be prudent
he will not bear a single fruit,
for any bird is foolish enough
to nest in him.
in distance it's clear what the fate
of the stubborn is:
neither falling nor giving up.
almost dry
he feeds on its own pride
and postpones everything to keep on living.

haute couture

there's no worse profession
than being a fashion designer
who decrees
that for this season
the length of verses
must reach the knee
or fall to the ankles.
their sour mannequins then parade
across every available runway
resembling oversized strawberries
a massive salmon
teetering on huge high heels
or absurd pots flipped upside down
ready for the promised applause
of the repetitive
tedious news.
whether the "how" should be half-naked
or if it's proper to show the "what "
their creators assure that if invited
homer and t.s. eliot would say "it's fine"
and nearly no one would hesitate to agree.
in every matter the edict of fashion
is the worst thing in this world.

ants

this living path
crossing the garden
comes from a land
that isn't ours
though we constantly
traverse the surface of another kingdom.
we know nothing of its tiny jungles
the desolate desert of a tile
the fleeting waterfall of an open tap
the consecutive holes a staircase unfolds.
below and around us
another infinite world lives.
it disturbs us that this domain
resembles so closely to what we see
from the window of the twentieth floor
far below and at our feet;
murderers heroes and villains
have their time and occupy their spaces
in a manner we consider mechanical.
the meaning of those days so different
is an enigma,
we quickly dismiss it
so we feel terrified
when we watch a child
paying the ants
his deepest attention:

he'll forget as he grows the times
he fixed his eyes on a different kingdom
though our kingdoms
began on the same day.

small victories

good news arrived an hour ago
one still remembered
repeats its psalm
over and over
on the answering machine
the man who smokes each afternoon
and looks through the window
dares to smile discreetly
though he fears
to do it too much.
in his own sky the old airplane
has stabilized its wings again for now
and though nearly all the clouds
remain in place
a gap exists to pass through
two very small pieces of news
with slight strength
held back the fatal brothers.
fear anguish and remorse
closed their bitter mouths;
"let them fight among themselves for now"
thinks the man who smokes each afternoon
looking out of his window
as if the future were about to come down the street
and he could wave at it.

INDEX

Gala de Poesía

Printed in the United States